MARTIN MICHALSKI

ZAUBERN IST GANZ LEICHT

MARTIN MICHALSKI

ZAUBERN IST GANZ LEICHT

MIT TOLLEN TRICKS FÜR JUNG UND ALT

ILLUSTRATIONEN
VON IRENE SCHARWÄCHTER

EPPE

VERLAG EPPE GMBH
AULENDORF / BERGATREUTE

2. Auflage 2008

Illustrationen: Irene Scharwächter

Satz, Reproduktion und Druck: Verlag Eppe GmbH,
Aulendorf / Bergatreute

Buchbinderische Verarbeitung:
Industriebuchbinderei Walter, Heitersheim

ISBN 978-3-89089-852-0

INHALT

LUSTIGE ZAUBERSPRÜCHE

Abra kadabra

Sim sala bim

Hokus pokus

Hokus pokus verschwindibus

Geschwindigkeit ist keine Hexerei

Zauberstab, Zylinderhut,
Zaubergeister helft jetzt gut

Die Hexe sich im Kreise dreht, wer zaubern kann,
weiß wie es geht

Lirum larum Löffelstiel, zum Zaubern da gehört recht viel

Hasenfuß und Hühnerei,
Zaubergeister strömt herbei

Hokus pokus Haselnuss,
Vogelbein und Fliegenfuß,
Karte verschwinde im Winde

Zwei, vier, sechs,
zaubern hilft die Hex

ZAUBERN IST GANZ LEICHT

und hat nichts mit übernatürlichen Dingen zu tun. Es ist die Kunst der unterhaltsamen Täuschung und hat auch bis in unsere Zeit hinein seinen Reiz des Geheimnisvollen nicht verloren. Mit leichter Eleganz werden in der Zauberkunst Naturgesetze scheinbar auf den Kopf gestellt. Für den Zuschauer erscheinen und verschwinden Gegenstände nach dem Motto

ZAUBERN IST TRICK
TRICK IST TÄUSCHUNG
TÄUSCHUNG IST GESCHICKLICHKEIT.

Wenn man die Lösung kennt, ist keine Aufgabe schwierig. Und schon bald staunt man selbst darüber, wie amüsant es ist, Freunde, Verwandte oder sonst irgendwen mit wirkungsvollen Zaubertricks zu unterhalten und zu verblüffen.

Seit meiner Kindheit ist das Zaubern mein Hobby, das mir neben meinem eigentlichen Beruf – ich bin Ingenieur – zum zweiten Lebensinhalt geworden ist. Mein technischer Beruf führt mich oft in die Welt hinaus; nie jedoch trete ich meine Reise an, ohne meine ständigen kleinen Begleiter mitzunehmen: meine Zauberutensilien.

Auf einer meiner Reisen – ich erinnere mich genau – hatte ich das folgende Erlebnis:
Ein schwerer Arbeitstag unter der glühenden Sonne Ägyptens lag hinter uns, und wir suchten nun Kühlung und Entspannung in der Halle unseres Hotels in Alexandria. Unser Gespräch drehte sich um belanglose Dinge. Plötzlich stand ein Straßengaukler vor uns. Als Zeichen seiner Zunft trug er einen schmuddeligen Lederbeutel über der Schulter. Ich

wusste, dass er uns gegen einen Obolus von ein paar Piastern seine ausgezeichneten Tricks vorführen würde und gab ihm durch eine Handbewegung zu verstehen, dass er beginnen möge. Meine Begleiter und ich waren gespannt auf das Schauspiel; über uns fächelte uns ein riesiger Ventilator Kühlung zu, und wir streckten behaglich die Beine von uns.

Der Gaukler entnahm mit bedeutungsvollem Gesicht seinem Beutel einige Zauberutensilien, dann reichte er mir eine Zigarette. Mit unmissverständlicher Geste bedeutete er mir, die Zigarette genau zu untersuchen. Ich tat das mit unschuldiger Miene, gab sie zurück ... hokus pokus – und die Zigarette war verschwunden. Nie werde ich das verblüffte Gesicht des Ägypters vergessen, als ich die Zigarette unter seinem Fes hervorzog.

Ich machte ihm dann den Becher-Trick (Seite 105) vor, und wer beschreibt mein Erstaunen, als er den gleichen Trick zeigte – allerdings waren unter seinen Bechern winzig kleine gelbe Kücken verborgen anstelle meiner armseligen Korkscheiben. Als wir den Gaukler für seine Kunststücke entlohnen wollten, wies er die Piaster empört zurück und zeigte auf mich, indem er, sich mehrmals tief verbeugend, davonzog.

Uns hatte diese kleine Abwechslung wieder erfrischt, und wir vergaßen für einige Zeit sogar die drückende Schwüle, die außerhalb der kühlen Mauern des Hotels auf der Stadt lastete.

So könnte ich noch viele kleine Episoden erzählen, die ich im Laufe der Zeit in manchem Land der Erde erlebte. Sie alle trugen dazu bei, dass ich meinem Steckenpferd nie untreu wurde, und dass ich immer wieder im kleinen und großen Kreis Menschen damit erfreuen kann.

Aus dieser Überzeugung und aus meinem praktischen Erfahrungsschatz heraus, stellte ich die in diesem Buch beschriebenen Zaubertricks zusammen, und ich möchte hoffen und wünschen, dass es mir viele nachtun und das Steckenpferd in das Land der Zauberei satteln werden.

MAGIC MARTIN

VON DER KUNST DER TÄUSCHUNG

Nach einer weit verbreiteten Auffassung meint man, Zaubertricks seien äußerst schwierig und nur mit großer Fingerfertigkeit vorzuführen. Das trifft nicht zu. Auch die vielgerühmte Geschwindigkeit ist beim Zaubern nicht nötig. Nicht Schnelligkeit, sondern Geschick lassen einen Trick zur meisterlichen Darbietung werden. Zu schnelle Bewegungen und Hast sind beim Zaubern unangebracht. Alles wird ruhig und langsam vorgeführt, und jeder Griff muss sozusagen eine Pointe sein. Wer zaubern will, muss den logischen Ablauf des Tricks kennen, ein „bisschen Köpfchen" besitzen und ein klein wenig auch Schauspieler sein. Das Wort „zaubern" ist ein Ausdruck für den Wunsch des Menschen, Geheimnisvolles oder Unmögliches wahrzumachen. Ein Zaubertrick gilt als gelungen, wenn man ihn richtig „an den Mann gebracht hat" oder, wie es in der Fachsprache heißt, gut verkauft hat. Ist der Trick gut, kommt auch spontan der Beifall der Zuschauer. Das ist die beste Kontrolle.

Neben den Hilfsmitteln für die einzelnen Tricks und der Kenntnis der Trickfolge spielt also das psychologische Moment eine nicht unbedeutende Rolle. Ein guter Zauberkünstler muss mit seinen Zuschauern spielen. Im Ablauf der Darbietung muss der Vorführende nicht nur mit den Händen arbeiten, sondern unter Einsatz schauspielerischer Mittel sicher wirken. Ablenken, Irreführen und stummes Suggerieren sind Hilfsmaßnahmen. Mit geschickter Mimik und dem Spiel der Augen gilt es, die Blicke der Zuschauer dorthin zu lenken, wo nichts Besonderes zu sehen ist.

Der Magier versucht also, mit Hilfsmitteln und Ablenkung den Zuschauer zu täuschen. Es geschieht etwas, für das der Zuschauer keine Erklärung findet, obwohl er weiß, dass niemand richtig zaubern kann und jeder Zauber auf einem Trick beruht. Eine perfekte Täuschung ist aber nur möglich, wenn jede einzelne Phase des Trickablaufes „sitzt". Die Experimente in diesem Buch sind einfach und doch sehr wirkungsvoll. Das schließt aber nicht aus, dass jede Handhabung sorgfältig eingeübt sein muss.

DIE 10 REGELN

1. Übung ist wichtig. Bevor man einen Trick vorführt, muss er intensiv geübt werden, am besten vor einem möglichst großen Spiegel.
2. Keine Wiederholung. Vor dem gleichen Publikum darf ein Trick nie sofort wiederholt werden. Ausnahmen bilden nur die Experimente, die dafür geeignet sind. Bei einer Wiederholung ist die Gefahr der Entdeckung zu groß, und die Wirkung des Zauberkunststückes geht verloren.
3. Stets Ruhe bewahren. Jeden Zaubertrick sollte man mit ruhigen Bewegungen und vorher einstudierten Worten vorführen. Geht wirklich einmal etwas schief, darf man sich nicht aus der Fassung bringen lassen. Meist kann der Trick noch durch Abwandlung gerettet werden, da das Ergebnis des Experimentes ja den Zuschauern nicht bekannt ist.
4. Immer den richtigen Standort wählen. Während der Vorführung darf sich kein Zuschauer seitlich oder hinter dem Zauberplatz aufhalten.
5. Zaubergeräte verschließen. Vor und nach der Zaubervorstellung sind alle Zaubergeräte unter Verschluss zu halten, am besten in einem Koffer.

Der beste und unbestechlichste Helfer beim Üben ist ein Spiegel. Er zeigt den Trickablauf so, wie das Publikum ihn sieht. So lässt sich am leichtesten die richtige Hand-, Finger- und Körperhaltung kontrollieren und korrigieren. Geübt wird so lange, bis jede Einzelheit beherrscht wird.

ZAUBERKUNST

6. Richtige Trickauswahl. Man sollte nur Zaubertricks vorführen, die man perfekt beherrscht.

7. Wahl der Programmzeit. Es ist immer besser, weniger und gut als lange und schlecht zu zaubern. Länger als 20 Minuten sollte ein Zauberprogramm allerdings nie dauern.

8. Der geeignete Zauberplatz. Der vorbereitete Zaubertisch sollte mindestens 3 m von den Zuschauern entfernt stehen, geeignete Plätze dafür sind Zimmerecken und Türrahmen.

9. Ein richtiger Vortrag. Hat man zum Trick keine passenden Sätze einstudiert, zaubert man besser stumm und mit Musikbegleitung. Zauberkunst muss unterhaltend wirken! Ein Vortrag sollte deshalb immer mit ein wenig Humor gewürzt sein.

10. Keinen Trick verraten! Das ist oberstes Gesetz der Magie. Ein Trick darf niemals, auch dem besten Freund nicht, verraten werden. Wenn das Geheimnis gelüftet wird, ist ein Trick für immer verloren.

DIE SERVANTE

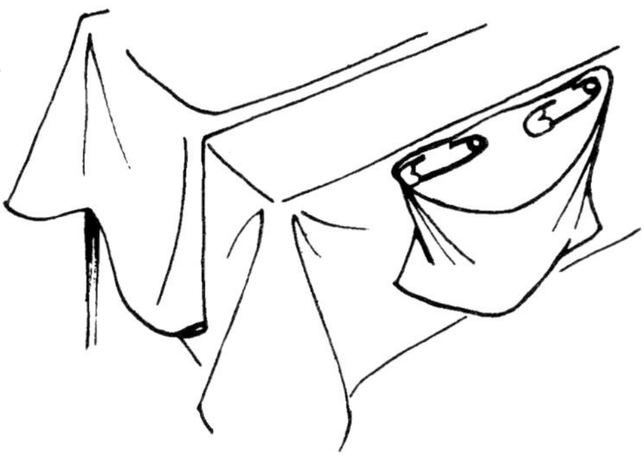

Eines der wichtigsten Hilfsmittel für die wirkungsvolle Vorführung von Zaubertricks ist eine Servante; unter dieser Bezeichnung verstehen alle Magier eine dem Zuschauer verborgene Tasche, ein Fach oder einen Behälter. In diese Servante können beliebige Gegenstände abgelegt oder von dort aufgenommen werden. Am besten bastelt man sich eine Stofftasche, die mit einem eingezogenen Drahtbügel oben offengehalten wird und direkt an der hinteren Tischkante befestigt werden kann. Beim Ergreifen eines Zauberstabes kann man so, von den Zuschauern unbemerkt, etwas in die Servante fallen lassen oder etwas herausholen. Die einfachste Lösung ist diese: man befestigt einen Stoffbeutel mit Sicherheitsnadeln an der Tischdecke. Auch eine sogenannte Stehservante kann man verwenden. Die Größe entspricht etwa einer Zigarrenkiste ohne Deckel. Damit die Servante dekorativ wirkt, malt man sie bunt an.

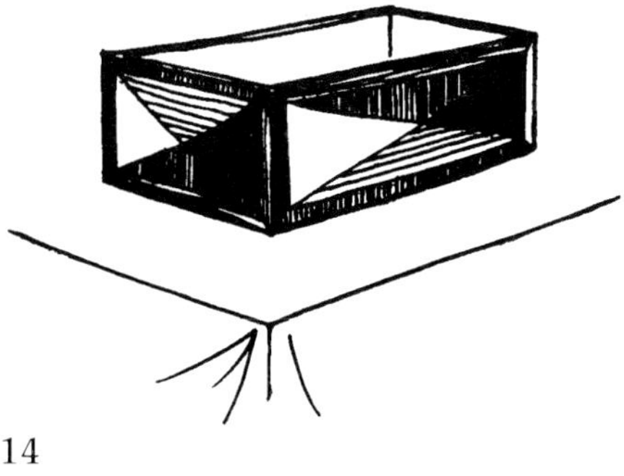

DER ZAUBERTISCH

Einen einfachen, sehr brauchbaren Zaubertisch kann man aus einem Stuhl machen, auf dessen Lehne man eine Platte 60x40 cm befestigt. Auf den Stuhlsitz wird der Zauberkoffer gestellt, in dem alle Hilfsmittel griffbereit liegen. An der vorderen Plattenkante befestigen wir noch einen passenden, farbigen Vorhang. Eine Leiste an der Tischplatte dient unter Verwendung von zwei Schraubspangen zur Befestigung.

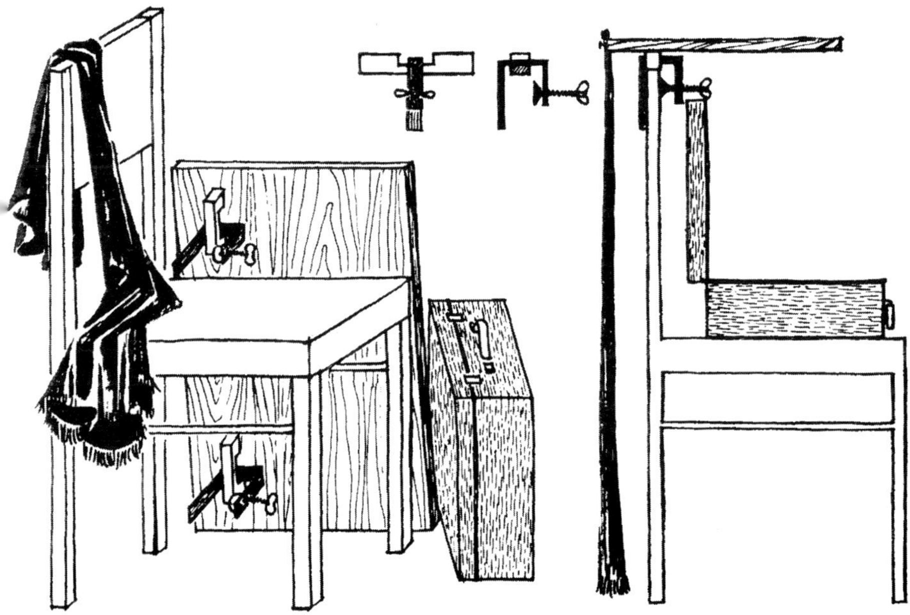

So ausgerüstet, verfügt man über die notwendigen Hilfsmittel, die zum Gelingen einer Zaubervorstellung beitragen. Was sonst noch wichtig ist und beachtet werden sollte, ist im Kapitel „Gewusst wie – gewusst wo" (Seite 131) nachzulesen.

EINE HAND VOLL GRIFFE UND KNIFFE

Für die meisten in diesem Buch behandelten Zaubertricks bedarf es keiner schwierigen Griffe, die sollen den Profis in der Zauberkunst vorbehalten bleiben. Mancher Zauberkünstler wurde berühmt und war erfolgreich, ohne dass er eine besondere Fingerfertigkeit beherrschte. Aber die wichtigsten, einfachen Manipulationen sollte auch ein Amateurmagier können. Ist es nicht überraschend, wenn man direkt vor den Augen des Publikums in der freien Hand etwas erscheinen oder verschwinden lassen kann? Keine Angst – nur ein bisschen Übung, und die Grundgriffe der Zauberkunst gehen wie von selbst von der Hand.

Palmage. Zuerst lernt man das Verbergen eines Gegenstandes in der Hand. In der Fachsprache sagt man dazu „palmieren". Am besten nehmen wir zum Üben ein 2-Euro-Stück. Man legt es in die flache rechte Hand, wobei der Handteller eine leicht hohle Haltung einnimmt. Das Geldstück wird dabei vom Ballen des Daumens und der oberen Innenhandfläche gehalten. Es ist zu beachten, dass die Hand mit der Münze unverkrampft und locker wirkt. Am besten kontrolliert man die richtige

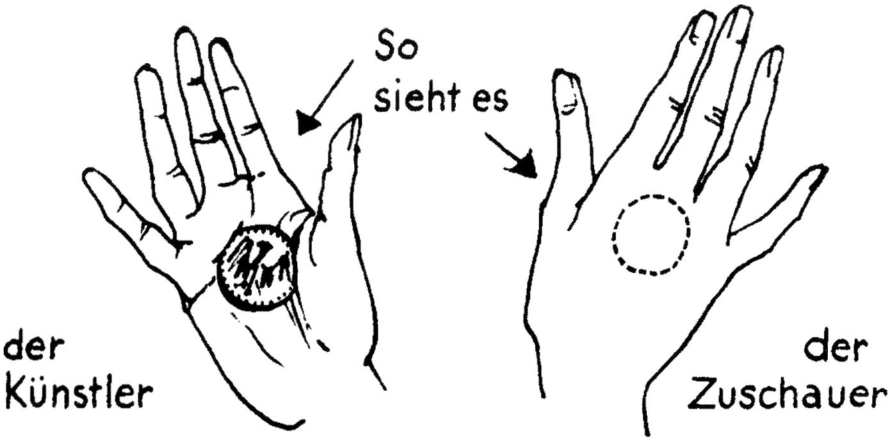

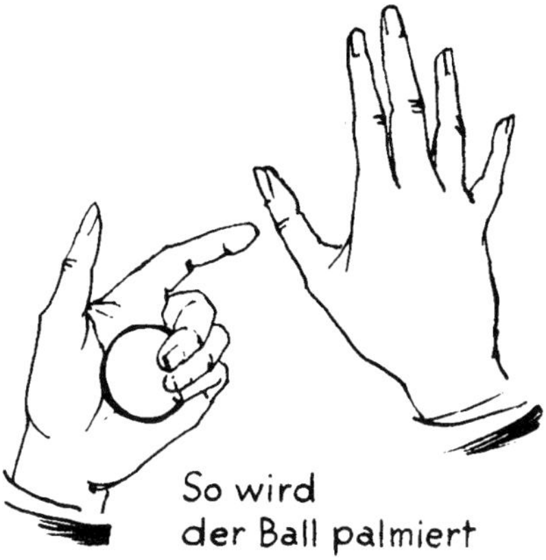

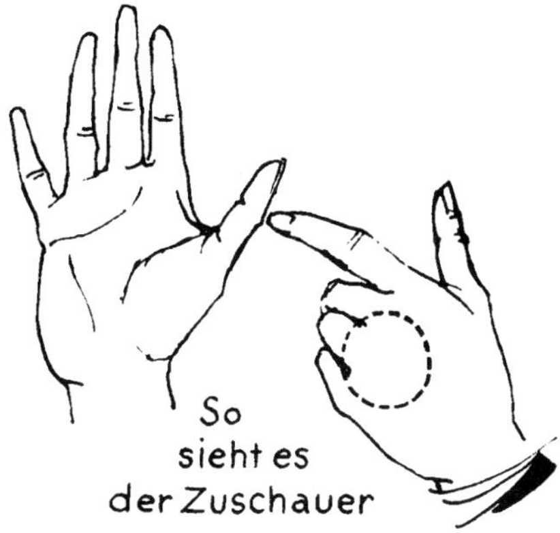

Haltung, indem man vor einem Spiegel übt. Diese Palmage kommt für alle möglichen Gegenstände in Frage. So kann man beispielsweise einen Tischtennisball aus leer gezeigten Händen zaubern. Zunächst zeigt man die linke Hand von beiden Seiten leer vor, während die rechte Hand (Handrücken zum Zuschauer) mit dem Zeigefinger das Leerzeigen der linken Hand unterstützt. Dann geht man mit beiden Händen rasch nach unten am Körper vorbei und wechselt den Ball, der vorher in der rechten Hand palmiert war, in die linke. Sogleich zeigt die geschlossene linke Hand mit dem Zeigefinger in die offene rechte Hand und demonstriert, dass auch diese Hand leer ist. Man führt beide Hände zusammen, um nach einigen reibenden Bewegungen den Ball erscheinen zu lassen.

DAS VERSCHWINDEN-LASSEN EINES GEGENSTANDES IN DER HAND

Der Ablauf dieses Kunstgriffes ist aus der Darstellung ersichtlich. Man zeigt auf der zur Faust geformten linken Hand einen Tischtennisball vor. Die rechte Hand greift den Ball und hebt ihn, in der Faust scheinbar verborgen, nach oben. Nach einigen reibenden Bewegungen wird die Hand

geöffnet. Der Ball ist spurlos verschwunden. So glauben es jedenfalls die Zuschauer. In Wirklichkeit geschah folgendes: Auf der linken, zur Faust geschlossenen Hand sitzt der Ball, während die rechte Hand mit gestrecktem Zeigefinger auf den Ball zeigt. Man geht jetzt mit der rechten

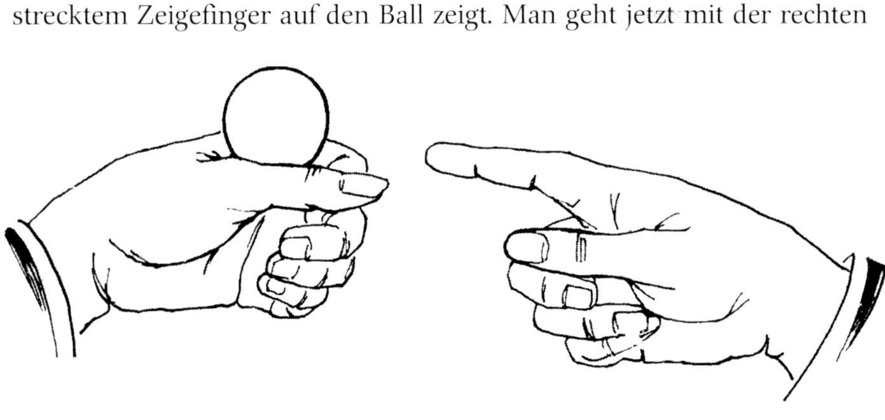

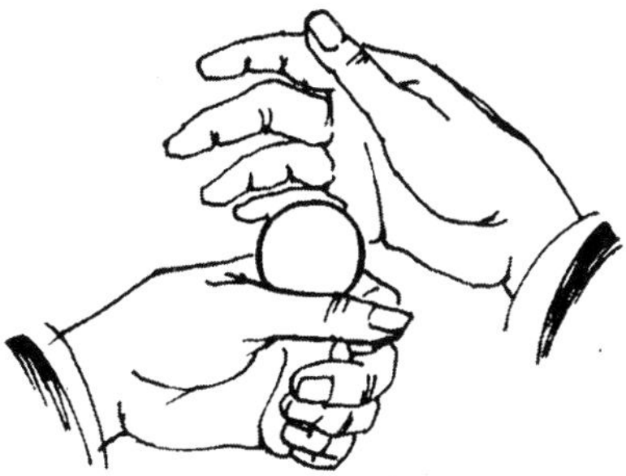

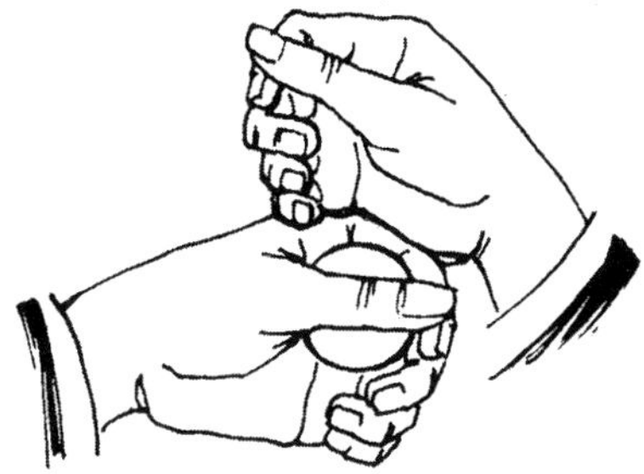

offenen Hand über die Faust weg und ergreift scheinbar den Ball. Unter Deckung des rechten Handtellers lässt man den Ball in die linke geschlossene Faust gleiten, wo er palmiert wird. Im gleichen Augenblick streckt man den Zeigefinger der linken Hand und zeigt auf die geschlossene rechte. In dieser Hand vermuten die Zuschauer den Ball. Psychologisch von großer Bedeutung ist das Strecken des Zeigefingers der linken Hand. Während die rechte Hand nach oben geht, wird die linke Hand mit dem Ball sofort nach unten geführt. Dabei kann der Ball, sofern er nicht wieder erscheinen soll, in einer Servante abgelegt werden. Eine weitere Möglichkeit für das Verbergen des Balles ist durch die Seitwärtsstellung des Körpers (Profilstellung) gegeben, wobei der Ball in die Hosentasche gesteckt werden kann. Für die Zuschauer hat sich der Ball in nichts aufgelöst.

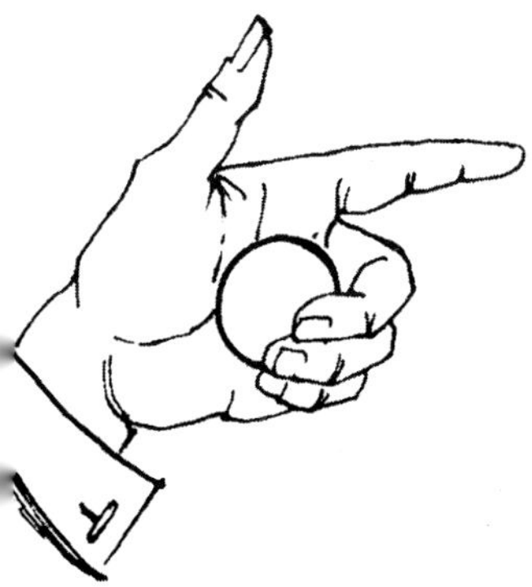

KIPPVOLTE

Die Kippvolte ist einer der wichtigsten und häufigsten Kartenkunstgriffe. Der Trick besteht darin, dass eine oder mehrere angeblich in die Mitte des Spieles gelegte Karten für den Zuschauer unmerklich oben auf das Spiel gebracht werden. Das hier beschriebene Beispiel vergleiche man genau mit den Abbildungen. Ein normales Kartenspiel hält man mit der Rückseite nach oben mit beiden Händen aufgefächert. Aus dem so gebildeten Fächer lässt man eine Karte ziehen und, ohne dass der Vorführende sie gesehen hat, verdeckt in die Mitte des Spieles zurücklegen. Das geschieht auf folgende Weise: Unmittelbar nachdem die Karte gezogen wurde, bildet man aus dem Spiel zwei etwa gleiche Päckchen, die man, wie die Abbildung es zeigt, in den Händen hält, die linke Hand offen nach oben, bei der rechten den Handrücken nach oben.

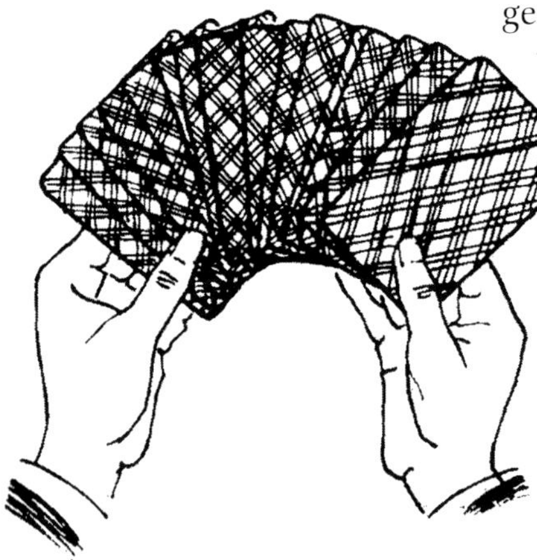

Zur besseren Unterscheidung ist das Päckchen in der linken Hand mit „X",

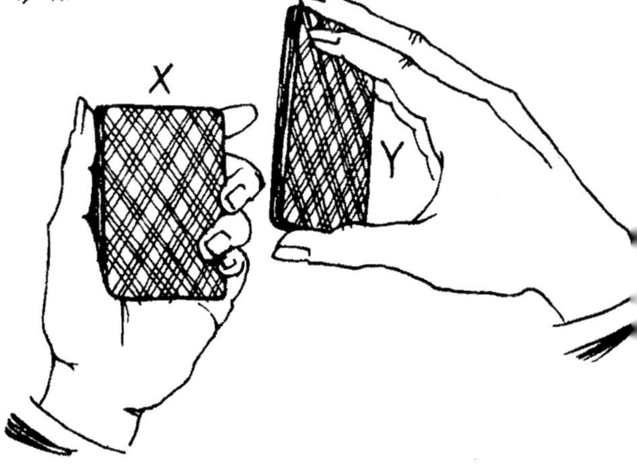

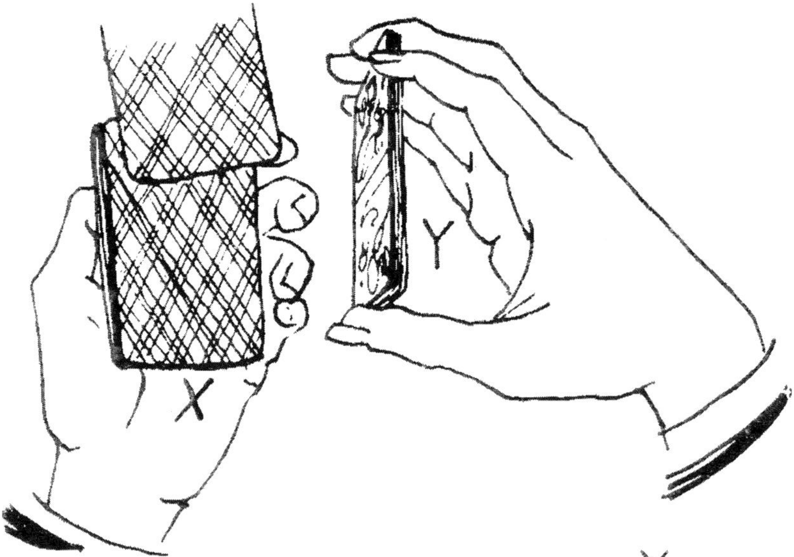

das in der rechten Hand mit „Y" bezeichnet. Während sich der Zuschauer die Karte betrachtet, greift man unauffällig mit dem Daumen links oben unter das Päckchen X.
Auf dieses Päckchen soll der Zuschauer nach Aufforderung die gezogene Karte legen.
Während man jetzt mit dem Päckchen Y in der rechten Hand über die linke Hand geht, kippt man mit dem Daumen das Päckchen X nach oben und führt mit der rechten Hand Päckchen Y vor das Päckchen X. Mit den Fingern der linken Hand wird das Spiel wieder unauffällig zurückgekippt.
Diese Bewegungen muss man so gut einstudieren, dass sie in rascher Folge und für den Zuschauer unbemerkt vor sich gehen. Die gezogene Karte liegt also jetzt mit der Rückseite nach oben als oberste Karte auf dem Spiel. Diese Karte kann man dem Zuschauer sofort als die gezogene Karte vorzeigen.

KARTEN PALMIEREN

Auch eine oder sogar mehrere Spielkarten können unsichtbar in der Handfläche verborgen werden. Das Spiel wird dazu in die linke Hand genommen und die zu palmierende Karte hebt man durch Zwischenlegen des Ringfingers der linken Hand von den übrigen Karten ab. Man legt die rechte Hand (Handfläche nach unten) über die linke. Die hochgehobene Karte erfasst man mit der rechten Hand und hebt sie ab. Die palmierte Karte liegt mit einer Kante an der Daumenwurzel an. Mit den Fingerspitzen hält man die andere Kante der Karte, wobei man sie etwas nach innen wölbt.

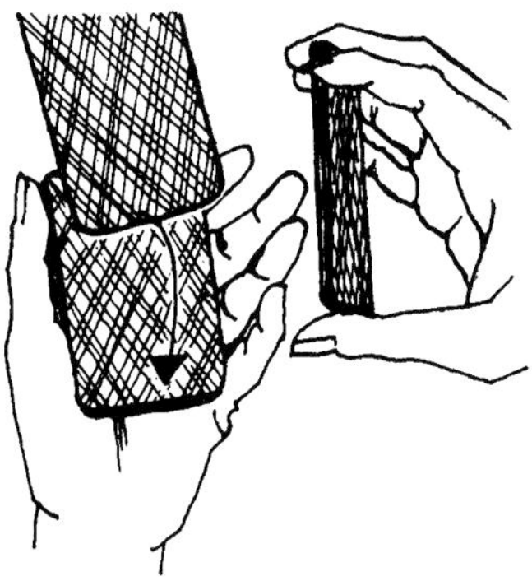

Auch bei der Kartenpalmage ist darauf zu achten, dass die Hand immer ungezwungen gehalten wird und der Handrücken immer den Zuschauern zugekehrt bleibt. Mit der Palmage kann man mehrere Kartentricks ausführen, zum Beispiel das Verwandeln einer Karte oder das Verdoppeln gezogener Karten.

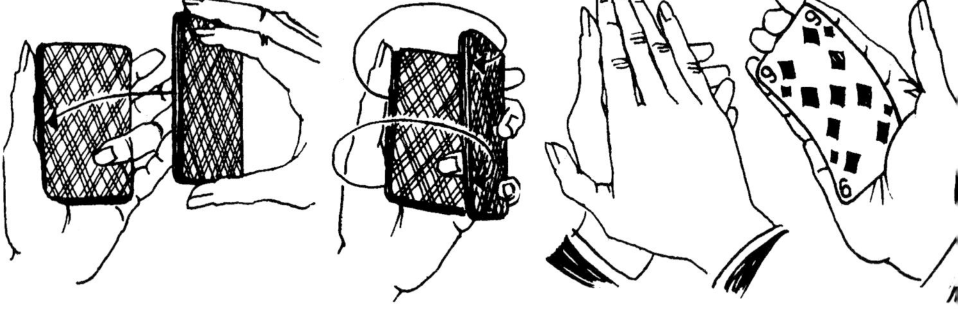

MAGNETISIERTE STREICHHÖLZER

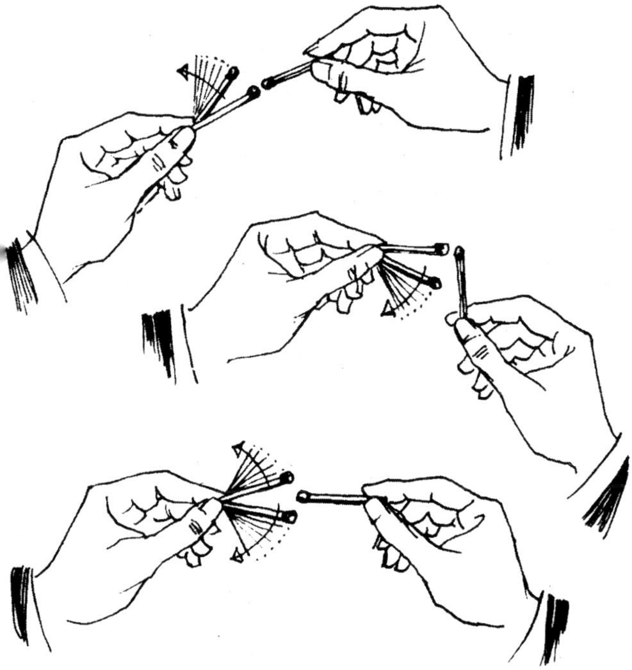

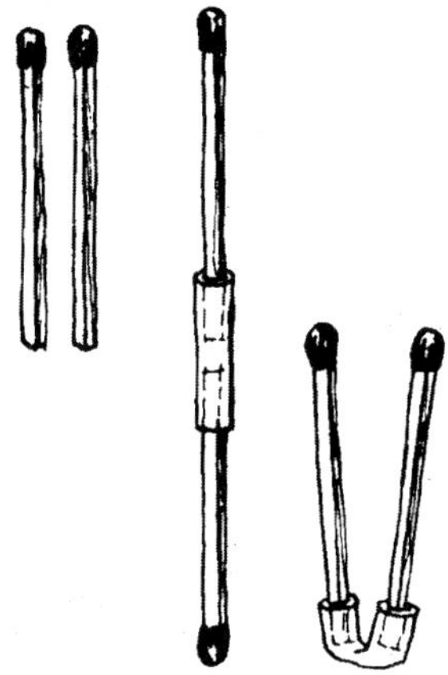

Dieses kleine Kunststück wird am besten gelegentlich mal als kleine Einlage gebracht. Zwischen Daumen und Zeigefinger der linken Hand werden zwei Streichhölzer gehalten. Die rechte Hand führt ein drittes Zündholz zwischen die beiden. Wie durch unsichtbare Kräfte geführt, bewegen sich die Zündhölzer voneinander weg.
Der Trick wird durch ein kleines Stück Ventilgummi eines Fahrradschlauches möglich. Auf dieses Stück Ventilgummi wird links und rechts ein Streichholz gesteckt. Selbstverständlich kommt der Schwefelkopf nach außen zu liegen. Die Hölzer werden parallel liegend zwischen Daumen und Zeigefinger gehalten. Dabei wird ein kleiner Druck ausgeübt. Lässt man diesen Druck leicht nach, entspannt sich der Ventilgummi und bewegt die Hölzer voneinander weg.

STREICHHOLZ-, ZIGARETTEN- UND TALERFANG

Zum Schluss unserer Griffübungen lernen wir noch das Greifen von Zigaretten, das Fangen von Talern und Streichhölzern aus der Luft. Dafür verwendet man ein Hilfsmittel.

Der Zuschauer sieht folgendes: Mit der leer gezeigten Hand greift der Vorführende in die Luft und lässt zwischen seinen Fingern eine Zigarette erscheinen, die er in einen Zylinderhut wirft. Wieder wird die Hand leer vorgezeigt, und schon erscheint die nächste Zigarette usw. Die gleiche Darstellung kann der Vorführende mit Streichhölzern oder Geldstücken erzielen.

Das benötigte Hilfsmittel wird aus einem Stück Blech angefertigt. Es bekommt die Form einer Klammer, die über den Mittelfinger der rechten Hand passen soll. Oben auf der Klammer lässt man sich bei einem Klempner einen Klemmbügel auflöten. Die Klammer selbst streicht man mit einer Farbe, die der Hautfarbe ähnlich sein sollte. Immer, wenn ein Gegenstand erscheinen soll, klemmt man ihn in den Bügel, zum

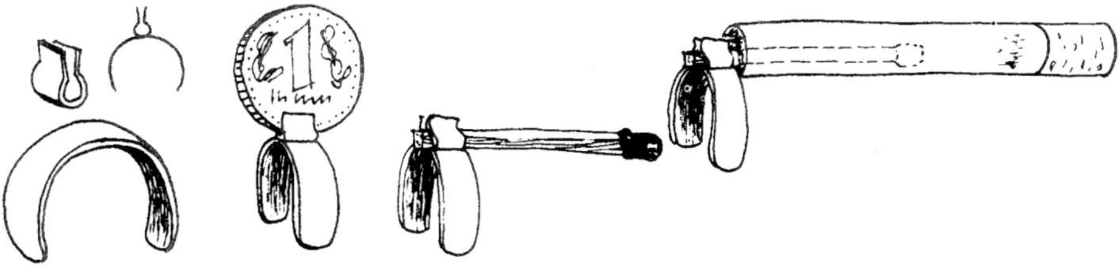

Beispiel den Taler. Will man Streichhölzer ergreifen, so kommt in den Bügel ein Streichholz. Für den Zigarettenfang wird die Zigarette auf das Streichholz geschoben. Hat man genügend Zigaretten gegriffen, zieht man die auf dem Streichholz befindliche Zigarette einfach ab. Die Vorführung ist denkbar einfach. Die Klammer, auf der sich beispielsweise Zigarette und Streichholz befinden, wird auf dem Mittelfinger der rechten Hand am oberen Fingerglied festgeklemmt. Mit gespreizten Fingern zeigt man dem Publikum die leere Handinnenfläche. Die Finger können dabei gespreizt werden. Die Zigarette liegt dicht am mittleren Finger, von dem sie verdeckt ist. Winkelt man jetzt die Finger der rechten Hand an und bildet eine lose Faust, so richtet sich die Zigarette auf und erscheint plötzlich. Mit einer raschen Bewegung gibt man die Zigarette scheinbar in einen Hut oder Behälter, unter dessen Deckung die Finger wieder gestreckt werden und die Hand herausgenommen wird. Mit einer greifenden Bewegung lässt man in der vorbeschriebenen Weise wieder eine neue Zigarette erscheinen. Nach einiger Übung kann man die Zigarette scheinbar aus dem Ohr, der Nase oder dem Hosenbein ziehen. Wichtig ist nur immer, dass man beim Leerzeigen der Hand nur die Innenfläche sehen lässt. Zum Schluss lässt man die bereits vorher in dem Hut untergebrachten Zigaretten erscheinen.

Für den Streichholz- und auch Talerfang gilt die gleiche Methode. Dabei darf man jedoch die Finger nicht spreizen, da das Geldstück zu weit aus der Klammer herausragt.

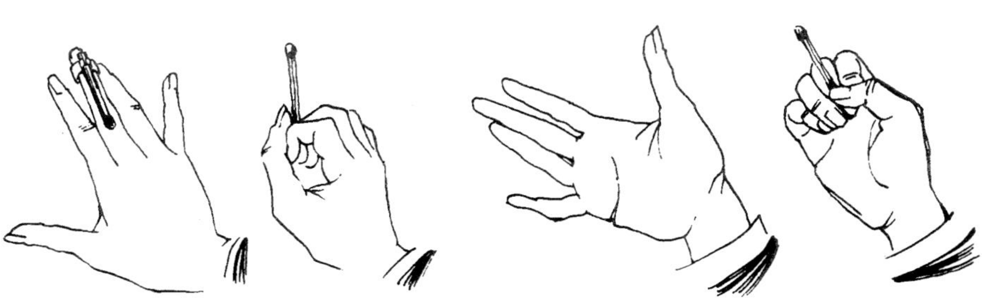

ZAUBERTRICKS IN BUNTER FOLGE

DER ZAUBERSTAB

Der Zauberstab ist ein sehr wichtiges Utensil und ist fast das Symbol der Magie. Am besten liegt der Zauberstab auf der Servante, auf einem Zylinderhut oder einem anderen Behälter, damit man beim Ablegen des Stabes Gegenstände verschwinden lassen kann. Man benötigt zu einem massiven Holzzauberstab noch einen Metallhohlstab in gleicher Größe. Wir üben gleich einige Zauberstab-Tricks:

Der Zauberstab erscheint: Man zeigt beide Hände leer vor. Der Zauberstab steckt an der Innenseite des Armes im Ärmel verborgen. Gegen das Herausrutschen ist der Stab mit einem kleinen Gummiband in Höhe der Armbanduhr am Handgelenk gesichert. Bringt man beide Hände zusammen, so ergreift man den Stab und zieht ihn schnell im Inneren der Hand entlang und lässt ihn zwischen den gespreizten Fingern sichtbar werden.

Der schwebende Zauberstab: Wie man den Stab frei schweben lassen kann, zeigen die beiden Abbildungen. Wichtig ist, dass den Zuschauern der volle Handrücken gezeigt wird. Die Finger werden gespreizt, um die Täuschung vollkommen zu machen.

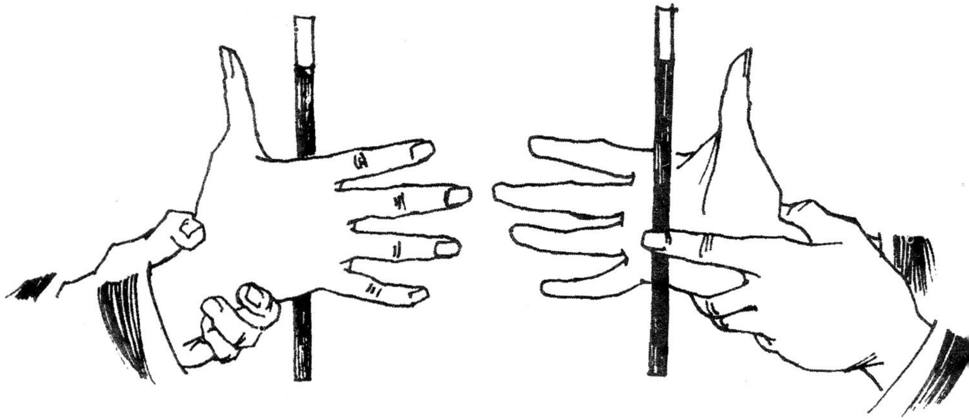

Zauberstab-Servantenkombination: Man zeigt zunächst beide Hände leer vor. Die rechte Hand ergreift den Zauberstab, und dann nimmt ihn die linke Hand. Die rechte Hand wird zur Faust gebildet. Mit dem Zauberstab umkreist man die rechte Hand und lässt einen Würfel erscheinen. Bei diesem Trick erkennt man sofort die Bedeutung von Zauberstab und Servante.

So läuft der Trick ab: Der Zauberstab liegt quer über der Servante. Ein Würfel wird mit einem Drahtbügel hinter die Servante gehängt. Der Würfel sollte dabei dicht unter der oberen Kante der Servantenrückwand hängen. Jetzt werden beide Hände leer vorgezeigt. Die rechte Hand ergreift den Zauberstab und dabei gleichzeitig heimlich den Würfel. Der Stab wird in die linke Hand gegeben. Die rechte Hand bildet eine Faust. Mit dem Zauberstab, den die linke Hand hält, kreist man einige Male um die Faust. Die rechte Hand wird geöffnet, und der Würfel ist erschienen.

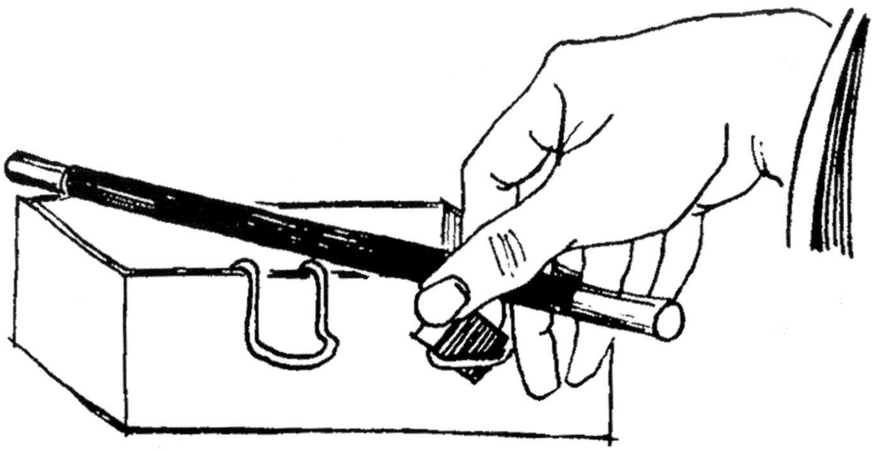

ZAUBERPALME

Zubehör: Zeitungspapierstreifen, 1 Schere, etwas Konfetti

Trickbeschreibung: Ein zusammengerolltes Stück Zeitungspapier wird vorgezeigt. Zum Beweis, dass sich nichts in dem kleinen Papierzylinder befindet, steckt der Vorführende einen Zauberstab durch die Röhre. Mit einer Schere schneidet der Künstler viermal bis zur Mitte in die Papierrolle hinein. Die Rolle wird auseinandergezogen, wobei sich unter einem Konfetti-Regen eine Zauberpalme entwickelt.

Ausführung: Aus Zeitungspapier oder buntem Papier werden Streifen von etwa 16 cm Breite geschnitten. Diese werden an den Schmalseiten aneinandergeklebt. Der so gebildete Papierstreifen soll eine Länge von etwa 2 m haben. Der Streifen wird der Länge nach zusammengerollt, und dabei wird etwas Konfetti eingestreut. Zum Einschneiden wird bei der Vorführung die Papierrolle waagerecht gehalten, damit das Konfetti nicht herausrutscht. Geschnitten wird in Viererteilung, d. h. viermal in Längsrichtung bis zur Mitte der Papierrolle. Wenn man jetzt von innen her die Papierrolle auseinanderzieht, entfaltet sich unter einem Konfetti-Regen ein palmenartiges Gebilde.

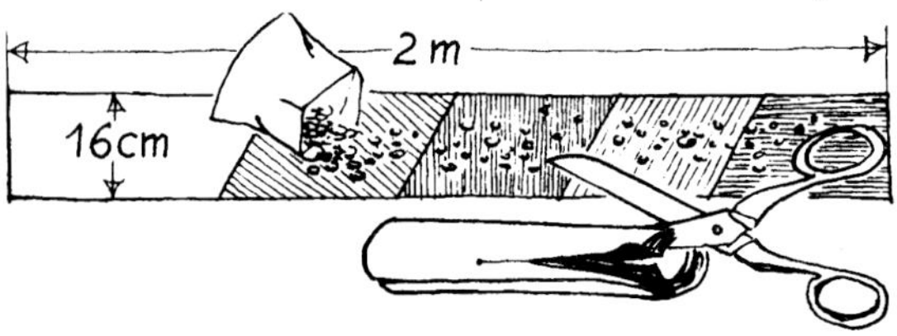

CHINESISCHES PAPIERBANDWUNDER

Zubehör: 1 präparierter Seidenpapierstreifen

Trickbeschreibung: Der Zauberkünstler zeigt ein Seidenpapierband von etwa 2 cm Breite und etwa 60 cm Länge vor. Nach einer magischen Beschwörung wird es zerrissen; gleich darauf ist es wieder unversehrt zu sehen.

Ausführung: Man besorgt zwei Seidenpapierstreifen mit den angegebenen Maßen. Einen Streifen faltet man wie eine Ziehharmonika zusammen und steckt ihn in eine geklebte Schlaufe am Ende des anderen Streifens. Dieses präparierte Ende hält man zwischen den Fingern und lässt den Streifen beim Vorzeigen hin- und herflattern. Dann werden einige Stücke abgerissen und in der Faust zusammengeknüllt. Dann wird der zweite Streifen auseinandergezogen. Die Schnitzel des ersten Streifens verbirgt man geschickt in der Hand. Zuerst reißt man die Schlaufe vorsichtig auf, bevor weitere Stücke abgerissen werden.

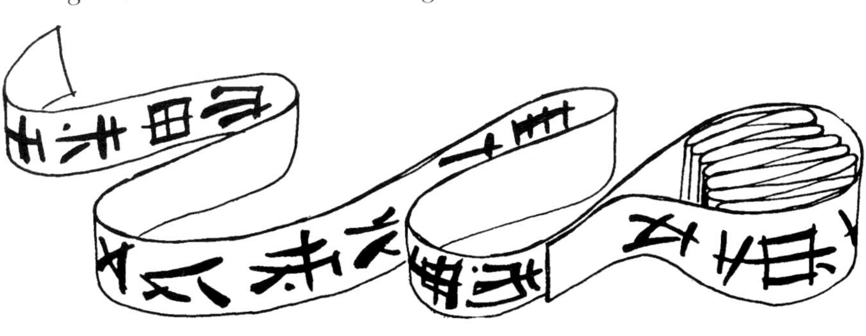

ZAUBERTÜTE

Zubehör: 1 präparierter Zeitungsbogen,
mehrere Gegenstände (Ringe, Uhren, Seidentücher, Geldmünzen usw.)

Trickbeschreibung: Der Zauberer zeigt einen leeren Bogen Papier von beiden Seiten vor. Er formt eine Tüte und füllt mehrere Gegenstände hinein. Nach einem Zauberspruch wird die Tüte entrollt, und die Gegenstände sind verschwunden.

Ausführung: Man nimmt zwei Zeitungsbogen, die mit Klebstoff aufeinandergeklebt werden. Die gestrichelten Linien der Abbildung zeigen, wo man den Klebstoff auftragen muss. Nachdem man den Bogen leer gezeigt hat, wird eine Tüte geformt. Die gezeigte Ecke mit dem schwarzen Punkt wird zuerst eingerollt, damit die doppelte Tasche der Tüte nach oben kommt. Von der so gebildeten Tüte schlägt man die mit einem Kreis versehene

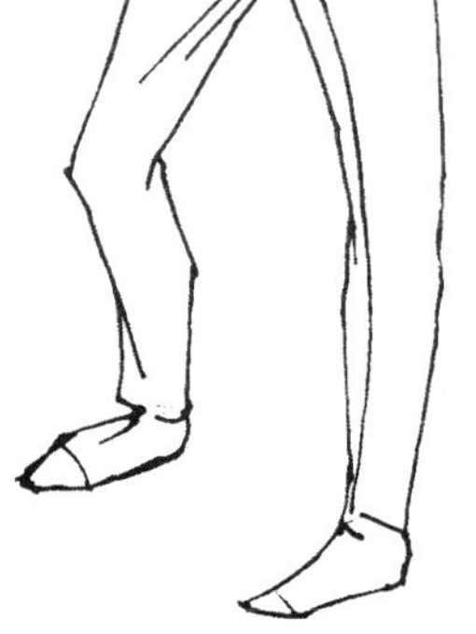

Ecke nach innen. Alles, was man verschwinden lassen will, kommt in die doppelte Tasche. Wird nun die Tüte entfaltet, muss man sie an der offenen Doppelecke halten. Die Gegenstände liegen nun versteckt zwischen den beiden Bogen. Selbstverständlich kann man auch die Gegenstände wieder erscheinen lassen. Dazu formt man wieder eine Tüte, schlägt die innere Ecke um und holt aus der Tüte die Gegenstände wieder hervor. Man kann auch den Tütenbogen bunt bekleben oder bemalen. Mit diesem Zauberhilfsmittel kann man ebenso Tücher in eine andere Farbe verwandeln und noch viele andere Experimente vorführen.

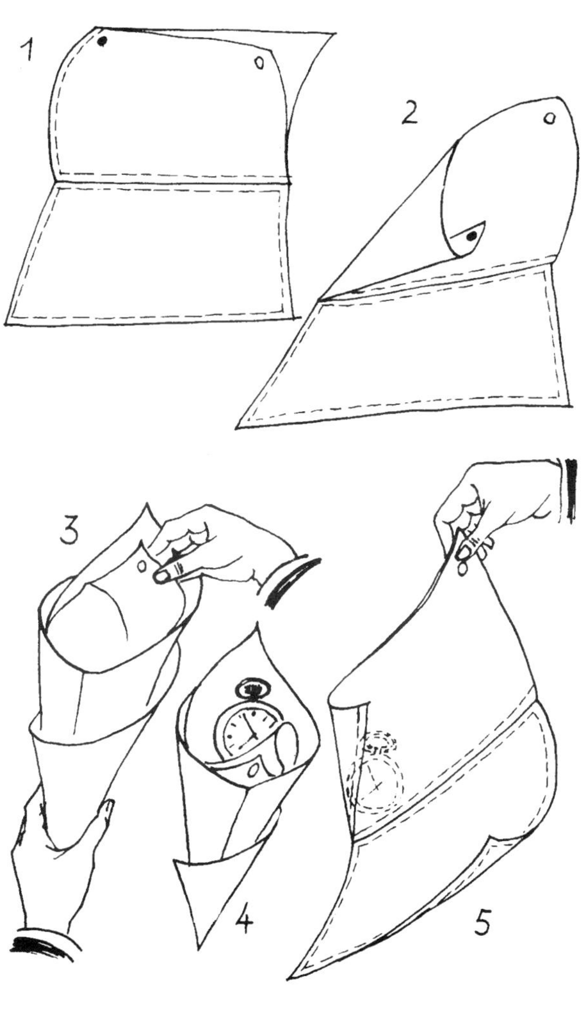

GEHEIMNISVOLLES KARTENRATEN

Zubehör: 1 Kartenspiel (französisches Skatblatt)

Trickbeschreibung: Ein Kartenspiel wird von einem Zuschauer gut gemischt und mehrere Male abgehoben. Sofort nach Erhalt der Karten nennt der Zauberkünstler jeweils die vordere Karte des Spieles, ohne sie selbst gesehen zu haben.

Ausführung:
Das Spiel ist unpräpariert. Es kann beliebig gemischt werden. Die Trickdurchführung ist denkbar einfach. Man nimmt das Päckchen und bringt es mit der rechten Hand hinter den Rücken. Dabei wird nun die Hälfte des Spieles abgehoben und so gedreht, dass Rückseite auf Rückseite liegt. Dadurch hat das Päckchen jetzt auf beiden Seiten Kartenbilder. Die erste Karte, die man sich gemerkt hat, wird genannt und das Päckchen vorgezeigt. Während das geschieht, merkt man sich die sich selbst zugewendete Karte. Das Päckchen wird jetzt wieder hinter den Rücken genommen, und die eben gemerkte Karte wird nach vorn geblättert. Das Päckchen wird wieder vorgezeigt und die Karte benannt.
Das kann man mehrere Male fortsetzen. Es ist jedoch ratsam, nicht allzuviele Karten zu benennen, da bei der Gleichförmigkeit der Bewegungen und der Einfachheit des Kunststückes die Gefahr der Entdeckung besteht.

ZERSCHNITTENER PAPIERRING

Zubehör: 1 Papierbandring (Breite 4 cm, Bandlänge etwa 1,50 m)

Trickbeschreibung: Ein Papierband ist mit seinen beiden Enden zu einem Ring zusammengeklebt. Der Magier zerschneidet den Ring der Länge nach mit einer Schere, und alle Zuschauer meinen nun, es müsste zwei Ringe geben, die halb so breit sind wie der erste. Aber nein – was ist denn das? Zauberei! Es ist wieder ein Ring geworden, aber doppelt so groß wie vorher.

Ausführung: Beim Zusammenkleben des Papierbandes dreht man es einmal um sich selbst, um dann erst die beiden Enden miteinander zu verkleben. Durch diese Vorbereitung bekommt man beim Zerschneiden nicht zwei, sondern einen Ring. Schneidet man ihn noch einmal um die Hälfte schmaler, so erhält man zwei Ringe, die ineinander hängen. Zweimal verdreht, gibt zwei Ringe ineinander.

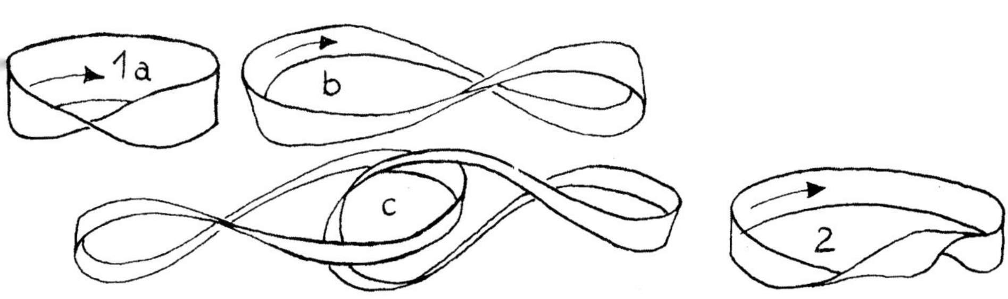

GEHEIMNISVOLLE SEILVASE

Zubehör: 1 Seil (etwa 1 m lang), 1 Korkkugel, 1 undurchsichtige kleine Vase

Trickbeschreibung: Nachdem Seil und Vase von den Zuschauern untersucht wurden, steckt der Vorführende das Seil in die Vase, die sofort am Seil schwebt.

Ausführung: Zu diesem netten Zaubertrick besorgt man sich eine hübsche undurchsichtige Vase. Es ist wichtig, dass sie einen schlanken Hals hat und nicht zu schwer ist. Die Zeichnung verdeutlicht das Trickgeheimnis. Passend zur Vasenöffnung muss man einen Korken gleichmäßig rund feilen. Die Korkkugel muss leicht durch den Vasenhals gleiten. Will man die Vase schweben lassen, so gibt man den Korken, der in der Hand palmiert (siehe Seite 16) wird, beim Aufnehmen der Vase hinein. Dann führt man das Seil in die Vase. Die Vase wird gedreht (Öffnung nach unten), dabei rollt der Korken gegen die Öffnung. Gleichzeitig zieht man das Seil etwas stramm, wobei sich der Korken verklemmt. letzt kann man zum großen Erstaunen der Zuschauer die Vase am Seil hin- und herpendeln lassen.

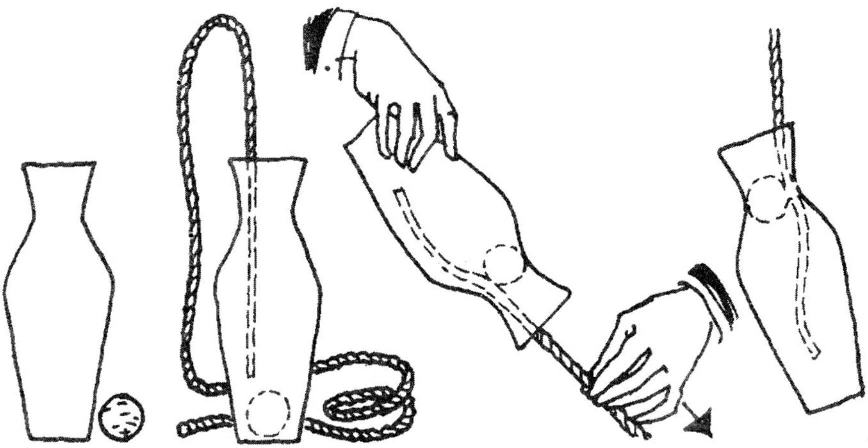

Zum Schluss drückt man die Korkkugel mit dem Zeigefinger in die Vase zurück. Will man die Vase untersuchen lassen, muss der Korken wieder in der Hand palmiert werden. Es ist aber nicht unbedingt notwendig, jeden Gegenstand von den Zuschauern prüfen zu lassen.

SELTSAME TUCHFÄRBUNG

Zubehör: 1 rotes Seidentuch, 1 blaues Seidentuch (etwa 25 x 25 cm)

Trickbeschreibung: Der Magier nimmt ein leuchtend rotes Tuch und steckt es in die zur Faust gebildete linke Hand. Während das rote Tuch immer weiter in die Faust gestopft wird, erscheint es unten zum großen Erstaunen der Zuschauer in blauer Farbe.

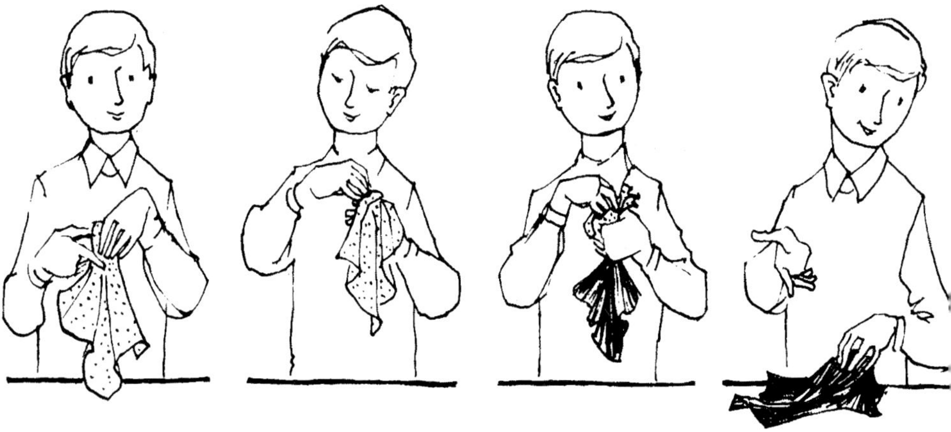

Ausführung: Mit einer kleinen Bastelarbeit wird zunächst das Hilfsmittel angefertigt. Aus nicht zu starkem Karton wird eine Röhre mit etwa 4 cm Durchmesser gerollt, die oval gedrückt und außen mit Heftpflasterstreifen beklebt wird. Dadurch wird das Hilfsmittel in der Farbe unserer Haut sehr ähnlich. In die Mitte der Hülse wird ein Band eingeklebt und vernäht, jedoch darf es nicht zu stramm sein (siehe Abbildung). Das rote und das blaue Seidentuch näht man mit je einer Ecke an das Band in der Hülse, und nun kann die Vorführung beginnen. Das blaue Tuch stopft man ganz in die Hülse hinein. Das rote Tuch mit der daran befestigten

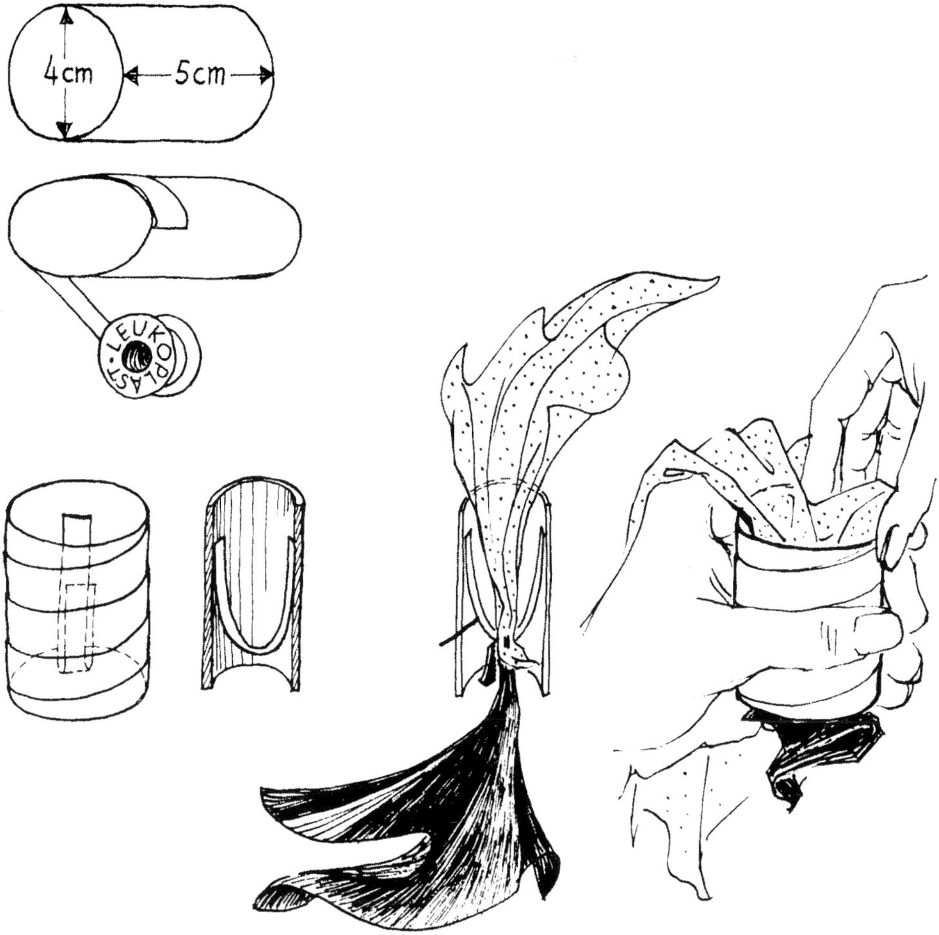

Hülse liegt auf dem Tisch. Die Hülse wird dabei vom Tuch verdeckt. Mit der linken Hand fasst man Hülse und Tuch am festgemachten Zipfel, wobei die Hülse in der Hand verborgen liegt. Unter Deckung des Tuches bildet die linke Hand um die Hülle eine Faust. Mit der rechten Hand schiebt man das rote Tuch in die in der Faust verborgene Hülse. Dadurch kommt das in der Hülse befindliche blaue Tuch nach unten zum Vorschein. Beim Ablegen ist darauf zu achten, dass die Hülse unter Deckung des blauen Tuches bleibt.

WEINGLAS UND WEINFLASCHE

Zubehör: 2 Weinflaschen (evtl. Plastikflaschen), 2 Kartonröhren, 2 Weingläser

Trickbeschreibung: Die Flaschenwanderung ist eines der ältesten Experimente, das auch heute noch populär ist. Auf geheimnisvolle Weise wechseln Weinflasche und Weinglas ihre Plätze. Sehr lustig ist es, wenn die Zuschauer raten müssen, unter welchen der beiden Röhren sich nun die Flasche befindet. Die Zuschauer werden immer falsch raten.

Ausführung: Man fertigt zwei Rollen aus Kartonpapier an und beklebt diese mit buntem Papier oder selbstklebender Folie. Die Röhren müssen genau über die verwendeten Flaschen passen. Die Flaschen müssen aus dunklem Glas (oder Plastik) bestehen und dürfen keinen Boden haben; den Boden kann man in einer Glasschleiferei herausschleifen lassen. Man kann aber auch dunkle Plastikflaschen verwenden, z. B. Essigfla-

schen, an denen der Boden sauber herausgeschnitten wird. Die beiden Weingläser müssen so beschaffen sein, dass man die Flaschen darüberstülpen kann.

Aufbau und Vorführung gehen wie folgt vor sich: Über das erste Glas stülpt man eine Flasche und eine Kartonhülle (A). Über das zweite Glas wird nur die Flasche gestülpt, und die Kartonhülle (B) liegt daneben. Nun beginnt die Zauberei. Man hebt die erste Hülle (A) mit der Flasche zusammen hoch und zeigt das Glas (Zeichnung). Dies wird nun mit der Röhre (A) und der darin befindlichen Flasche überdeckt. Nun nimmt man die zweite leere Kartonhülle (B) und überdeckt damit die Flasche. Die Zuschauer glauben nun, dass unter der Hülle (A) das Glas steht und unter der Hülle (B) die Flasche. – Hokus pokus – Flasche und Glas haben ihre Plätze gewechselt. Hebt man die Hülle A hoch, so steht die Flasche da und unter der Hülle B befindet sich das Glas.

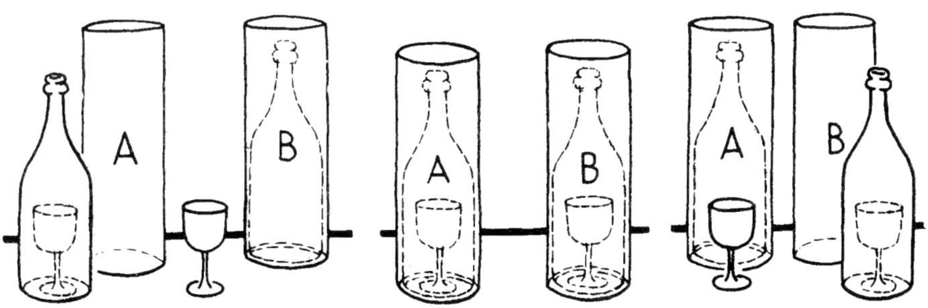

So kann man durch jeweiliges Mitnehmen oder Stehenlassen der Flasche die Plätze von Glas und Flasche beliebig bestimmen. Beachten muss man, dass die Hülle mit der Flasche immer so aufgehoben wird, dass keiner unserer Zuschauer von unten gegen den fehlenden Flaschenboden sehen kann.

DIE WURFKARTE

Zubehör: 1 Kartenspiel (französisches Skatblatt)

Trickbeschreibung: Der Vorführende blättert ein Kartenspiel fächerförmig auf. Aus dem so gebildeten Fächer zieht ein Zuschauer irgendeine Karte heraus. Aus den restlichen Karten bildet der Künstler zwei Päckchen. Er legt die Päckchen zusammen und läßt das Spiel aus etwa 50 cm Höhe auf die Tischplatte fallen. Auf geheimnisvolle Weise kommt eine einzige Karte mit der Bildseite nach oben zu liegen. Es ist die vom Zuschauer gezogene Karte.

Ausführung: Nach dem Ziehen der Karte bildet man zwei Päckchen aus den Restkarten. Der Zuschauer wird dann gebeten, auf eines der Päckchen die gezogene Karte abzulegen. Dann bringt man durch die Kippvolte die Karte oben auf das Spiel. Die Kippvolte ist im Kapitel „Eine Hand voll Griffe und Kniffe" (siehe Seite 20) beschrieben. Die durch die Volte nach oben gebrachte Karte wird unter der Deckung der Hand, die das Päckchen hält, etwa 2 cm darüber hinausgeschoben. Lässt man das Spiel etwa 50 cm über der Tischplatte los, so fällt das Päckchen geschlossen nach unten. Die überstehende Karte wird durch den Luftdruck umgedreht und fällt mit der Bildseite nach oben auf den Tisch.

DAS RECHENGENIE

Zubehör: 1 Bleistift, 1 Schreibblock

Trickbeschreibung: Der Zauberkünstler lässt von einem Zuschauer eine dreistellige Zahl aufschreiben. Dann werden die Ziffern dieser Zahl umgedreht darunter geschrieben und abgezogen. Dieses Ergebnis wird auch umgestellt und addiert. Was dabei herauskommt, stimmt mit einer Zahl überein, die der Zauberer vorher auf einen Zettel geschrieben hat.

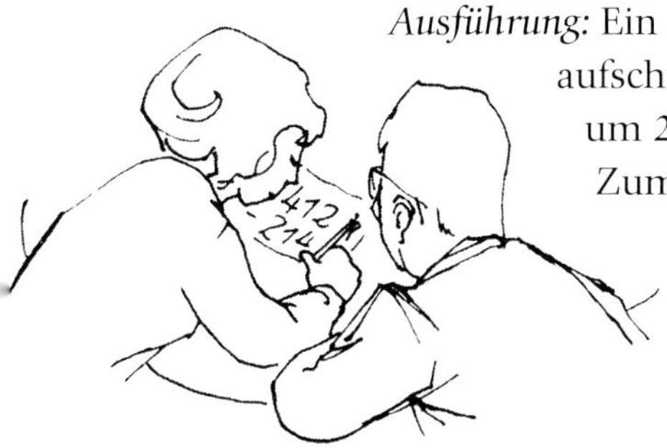

Ausführung: Ein Zuschauer soll eine dreistellige Zahl aufschreiben, deren erste Ziffer mindestens um 2 größer sein muss als die letzte Zahl. Zum Beispiel 412. Man fordert dann den Zuschauer auf, die erste Ziffer gegen die dritte zu vertauschen und diese Zahl von der erstgenannten Zahl abzuziehen.

Beispielsweise:

412
– 214
198 diese Zahl wird nun umgedreht
+ 891 und beide Zahlen werden addiert
also 1089 Ergebnis

Der Zuschauer wird jetzt gefragt, ob das Ergebnis mitgeteilt oder aufgeschrieben werden soll. In ersterem Fall nennt man die Ziffer 1089. Noch verblüffender ist es, wenn man diese Zahl vorher als Voraussage niederschreibt. Der Zuschauer soll dann das Ergebnis ebenfalls aufschreiben, und beide Resultate stimmen dann überein. Das Geheimnis dieses Tricks liegt in den Zahlen selbst. Wie man es auch anstellt, es kommt immer die Zahl 1089 heraus. Aus diesem Grund soll man vor dem gleichen Publikum eine Wiederholung des Tricks vermeiden.

DER BERÜHMTE EIERBEUTEL

Zubehör: 1 Stoffbeutel, 2 Kunststoffeier

Trickbeschreibung: In einem schwarzen Stoffbeutel lässt der Magier nach Wunsch des Publikums ein Ei verschwinden oder erscheinen. Der Beutel wird sogar umgestülpt, um zu beweisen, dass er leer ist. Sofort danach ist wieder ein Ei erschienen.

Ausführung:
Aus schwarzem Stoff wird ein Beutel genäht. Maße und Form gibt die Zeichnung an.
Der Beutel hat nach innen auf der offenen Seite je einen Umschlag von 8 cm, der auf einer Seite festgenäht ist.

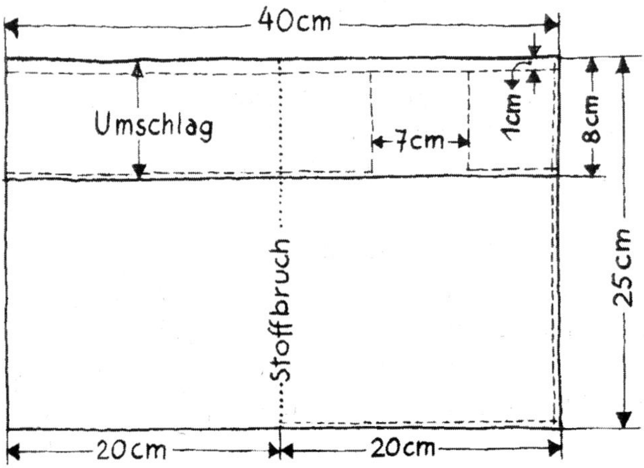

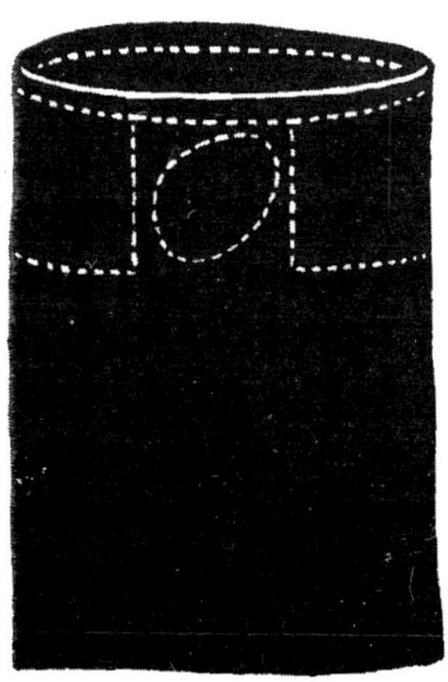

Auf der anderen ist der Umschlag durch zwei Nähte in drei Felder geteilt, von denen das mittlere Feld unten offen bleibt. In dieser kleinen Innentasche wird jeweils das Zauberei verborgen.

Zum Auftritt befindet sich ein Ei im Beutel. Das andere Ei steckt man in die Hosen- oder Jackentasche. Man zeigt nun den Beutel leer vor und stülpt ihn sogar um. Dabei hält man den Beutel mit der rechten Hand so, dass man das Ei in der Geheimtasche innen in der hohlen Hand hält. Der Daumen befindet sich außerhalb des Beutels und stützt durch das Tuch das Ei von außen. Man kann auch einen Zuschauer in den Beutel greifen lassen. Er ist leer. Nun lässt man das Ei nach unten gleiten, holt es aus dem Beutel heraus und zeigt den Beutel leer vor. Soll das Ei wieder verschwinden, schiebt man das Ei beim Hochnehmen der Hand im Innern des Beutels wieder in die kleine Tasche. Jetzt kann man das zweite Ei aus der Hosen- oder Jackentasche hervorholen. Man kann auch den Beutel an beiden Zipfeln fassen und mit der Öffnung nach unten kräftig schütteln. Das Ei kann ja nicht herausfallen.

Dieses Zauberexperiment gehört noch immer zu den klassischen Tricks der Magie. Man sollte daher alle Bewegungen sorgfältig einüben, damit das Trickgeheimnis dieses schönen Zauberkunststückes nicht erkannt wird.

DER GEFESSELTE RING

Zubehör: 1 Stück Schnur 50 cm lang, 2 gleich große Metallringe oder Armreife (oder statt dessen 2 Ringe aus Karton)

Trickbeschreibung: Der Vorführende lässt sich die beiden Enden der 50 cm langen Schnur von einem Zuschauer um die Handgelenke binden. Gleichzeitig wird den Zuschauern ein Ring oder ein Armreif gezeigt, der besonders daraufhin untersucht wird, ob er an irgendeiner Stelle durchbrochen ist. Nachdem die Seilenden fest um die Gelenke des Künstlers verknotet sind, wendet er sich kurz um und dreht sich sofort zurück, wobei der Ring nun auf der Schnur zwischen den Handgelenken hängt. Die Schnelligkeit dieses Experimentes wirkt auf die Zuschauer verblüffend.

Ausführung: Aus der Zubehör-Angabe ist bereits ersichtlich, dass zu diesem Trick zwei völlig gleiche Ringe benötigt werden und auch eine kleine Vorbereitung erforderlich ist. Die Ringe müssen so groß sein, dass man sie mühelos über die Hand streifen kann. Wer die Ringe nicht kaufen will (man erhält sie für wenig Geld in Warenhäusern), kann sie auch aus Karton selbst zusammenkleben.

Und nun zu dem Trick selbst. Ein Ring wird den Zuschauern zum Untersuchen gegeben, während man sich die Seilenden um die Handgelenke knüpfen lässt. Der zweite Ring wird vor der Trickvorführung über die rechte Hand gestreift und so in den Ärmel gesteckt, dass er verdeckt ist. Man lässt sich jetzt den Ring von den Zuschauern zurückgeben, dreht sich kurz um und steckt den Einzelring in die Jackentasche oder unter das Oberhemd. Der im Ärmel befindliche Ring wird dann heruntergezogen und fällt auf die Schnur, wo er hängen bleibt. Die verblüffende Wirkung des Tricks beruht auf der Schnelligkeit, mit der das Experiment ausgeführt wird. Die Zuschauer sind jedenfalls überzeugt, dass es unmöglich ist, die Schnur an einem der Handgelenke so schnell zu lösen und wieder zu befestigen. Dass ein zweiter Ring vorhanden ist, weiß ja niemand.

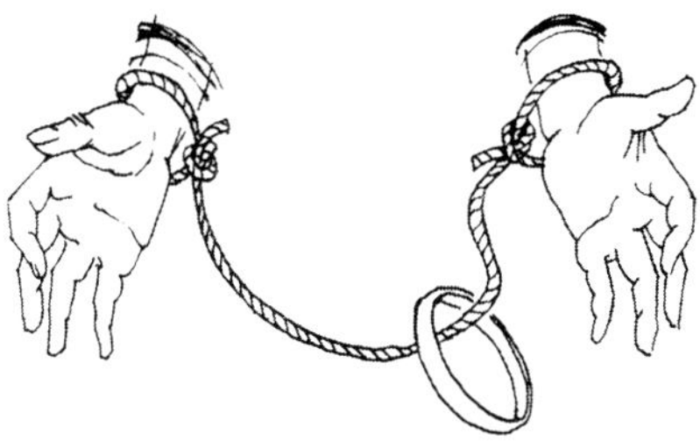

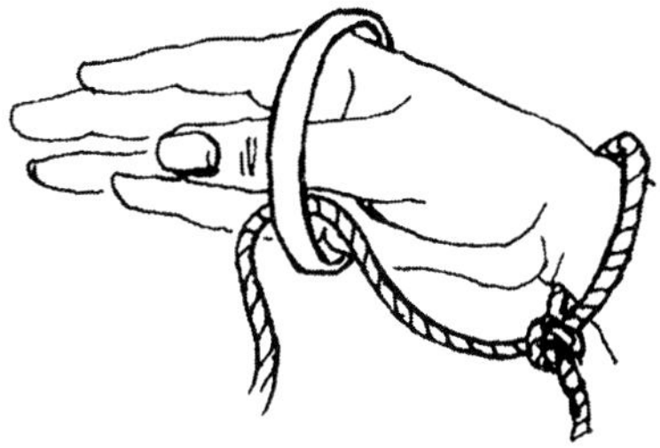

Variante: Sehr wirkungsvoll ist es auch, wenn man den Trick mit Pappringen ausführt. Den gefesselten Ring kann man von der Schnur wieder entfernen. Man dreht sich wieder kurz um und zerreißt den auf der Schnur hängenden Pappring. Die Bruchstücke werden ins Oberhemd geschoben und der dort befindliche ganze Ring wieder hervorgeholt und dem Publikum gezeigt.

TUCH-BALL-VERWANDLUNG

Zubehör: 1 Seidentuch 25 x 25 cm, 1 Tischtennisball

Trickbeschreibung: Ein farbiges kleines Seidentuch zeigt der Künstler von beiden Seiten leer vor. Auch beide Hände sind leer. Sogar seine Ärmel stülpt der Vorführende zurück. Dann ergreift er das soeben abgelegte Seidentuch, reibt es zwischen seinen Händen, wobei es immer kleiner wird. Zur großen Überraschung aller Zuschauer ist das Tuch plötzlich verschwunden. An seiner Stelle ist ein massiver kleiner Ball erschienen.

Ausführung: Dazu verwendet man einen Tischtennisball und ein farbiges Seidentuch in der angegebenen Größe. Der Tischtennisball muss zur Ausführung des Kunststückes noch präpariert werden. Der Ball wird vorsichtig mit einer Rasierklinge oder einem scharfen Messer aufgeschnitten, so dass eine kleine Öffnung von etwa 26 mm entsteht. Auf einem Blatt Sandpapier schmirgelt man die Schnittfläche des Tischtennisballes glatt.

Das Tuch wird von verschiedenen Seiten vorgezeigt. Dann legt man es über die Servante (Seite 14), so dass es auf der Vorder- und Rückseite mit einem Zipfel herabhängt. An der hinteren Rückseite der Servante unter dem Tuch befindet sich der Lochball, der dort an einem kleinen Drahtbügel aufgehängt wurde. Sobald das Tuch abgelegt ist, streift man die Ärmel zurück. Da für die Zuschauer das Seidentuch sichtbar bleibt, schöpft niemand Verdacht. Man ergreift dann das eben abgelegte Tuch

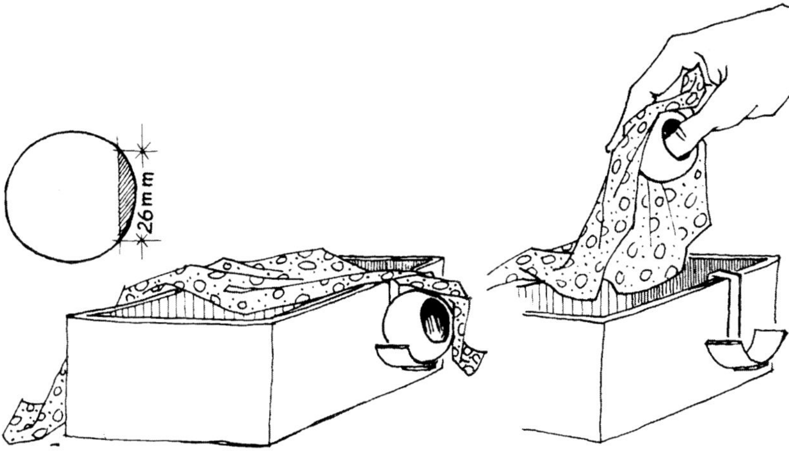

und nimmt unter dessen Deckung den Lochball mit auf. Lochball und Tuchzipfel kommen jetzt in die linke Hand. Unter langsamen Bewegungen beider Hände stopft man das Seidentuch durch die Öffnung in den Hohlball. Die Finger der rechten Hand halten den Ball mit der Öffnung nach hinten und verdecken sie. Die linke Hand geht langsam von der rechten Hand weg und der Ball wird sichtbar. Will man den Trick noch geheimnisvoller gestalten, so besorgt man sich einen zweiten Tischtennisball, der unpräpariert bleibt. Er kann dann gegen den präparierten Ball ausgewechselt und den Zuschauern zur Untersuchung gegeben werden.

SPIEGELGLAS-ILLUSIONEN

Zubehör: 2 durchsichtige Trinkgläser mit Längsrillen,
2 Bogen Alu-Folie, 2 Aktendeckel

Trickbeschreibung: Der Zauberkünstler zeigt ein leeres, durchsichtiges Trinkglas vor und führt damit eine Reihe verblüffender Experimente durch.

Trick 1: Der Zauberer greift in das leer vorgezeigte Trinkglas und zieht ein farbiges Tuch hervor.

Trick 2: Mit einem Stück Zeitungspapier umkleidet der Vorführende das Glas. Das soeben hervorgeholte Tuch wird wieder in das Glas zurückgesteckt. Das Papier wird entfernt und das Tuch ist verschwunden. Das verwendete Stück Zeitungspapier wird den Zuschauern zum Untersuchen gegeben.

Trick 3: Der Vorführende stellt das Glas auf ein Tablett. Dann ergreift der Künstler einen Zauberstab, auf den eine Reihe einzelner Ringe gefädelt sind. Der Zauberer lässt diese Ringe laut klappernd in das Glas hineingleiten. Das Glas wird dann mit einem Tuch ganz überdeckt. Nun zeigt der Zauberkünstler beide Hände leer vor. Er entfernt das Tuch, greift in das Glas und zieht die soeben einzeln in das Glas gegebenen Drahtringe alle aneinandergereiht heraus.

Trick 4: Der Vorführende ergreift ein zweites leeres Trinkglas. Die beiden Gläser werden leer etwa 30 cm voneinander aufgestellt. In das linke Glas kommt ein rotes Seidentuch. Mit zwei in der Mitte gefalteten Aktendeckeln (Paravents) werden die Gläser den Blicken der Zuschauer entzogen. Der Künstler erklärt jetzt, er werde das Tuch auf unsichtbare Weise aus dem linken in das rechte Glas zaubern. Die Aktendeckel werden entfernt, und das rote Seidentuch befindct sich jetzt tatsächlich im rechten Glas. Das linke Glas ist leer. Auf diese Weise lässt der Zauberkünstler die Tücher zum großen Ergötzen der Zuschauer noch einige Male hin- und herwandern.

Ausführung: Man beschafft sich zwei Trinkgläser, am besten aus Kunststoff. Diese Gläser müssen durchsichtig sein und sollten nach Möglichkeit Längsrillen haben, wie es das Glas in der Abbildung zeigt. In einem Bastel- oder Spielwarengeschäft besorgt man sich einen Bogen Alu-Folie. Daraus schneidet man für die beiden Gläser passende Einsätze, wie es aus der Abbildung ersichtlich ist. Das ist die ganze Präparation. Schon beim aufmerksamen Lesen dieser Zeilen wird einem klar werden, dass dieses Zaubergerät sehr vielseitig verwendbar ist. Es ist deshalb besonders wichtig, dass man alle Tricks, die damit vorgeführt werden sollen, sorgfältig einübt.

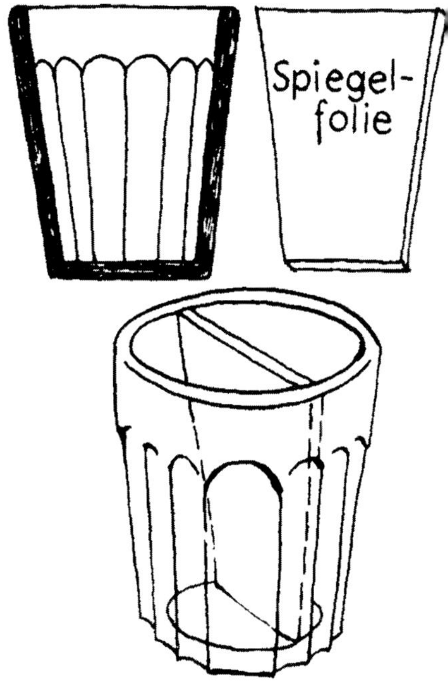

Zu Trick 1: Man legt das farbige Seidentuch in eine Hälfte des Spiegelglases. Die leer erscheinende Hälfte ist den Zuschauern zugewandt. Das Glas selbst wird so gehalten, wie es aus der Abbildung ersichtlich ist. Man greift dann mit der rechten Hand in das Glas hinein und zieht möglichst schnell das hinter der Alu-Folie befindliche Seidentuch heraus.

Zu Trick 2: Um das Tuch verschwinden zu lassen, wird vorher das Glas zur Ablenkung der Zuschauer mit einem Stück Papier verkleidet. Das Seidentuch kommt dann hinter die Alu-Folie. Das Papier wird abgezogen und zum Untersuchen gegeben.

Zu Trick 3: Hinter der Alu-Folie liegen die vor der Vorführung ineinandergeketteten Ringe. Die Zuschauer sehen gegen die leere Glashälfte. Unter der Deckung des Tuches wird das Glas gedreht, nachdem man zuvor die Einzelringe in die leere Glashälfte gegeben hat. Nach der Drehung erscheint dann die Ringkette, und die Einzelringe liegen in der hinteren Glashälfte.

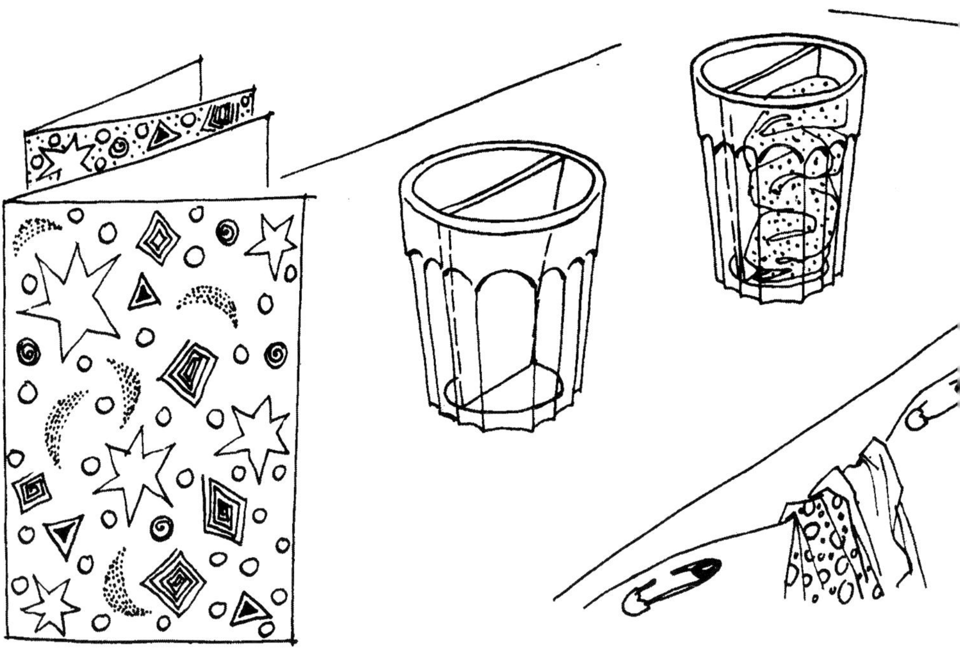

Zu Trick 4: Zum Hin- und Herwandern des Farbtuches benötigt man zwei Spiegelgläser und zwei Seidentücher. In einem Glas ist bereits ein Tuch verborgen. Das andere Glas ist in beiden Spiegelkammern leer. Die Zuschauer sehen beide Gläser von der leeren Seite. Unmittelbar nach dem Aufstellen des Paravents legt man ein Tuch in das völlig leere Glas. Das geladene Glas wird unter Deckung des Paravents gedreht. So kann man je nach Wunsch die leere oder die gefüllte Glashälfte sehen lassen, wodurch der Eindruck entsteht, das Tuch würde seinen Platz wechseln.

Auf dieser Trickbasis kann man Tücher färben oder Glasperlen einzeln ins Glas schütten, um sie als Kette aufgefädelt wieder herauszuziehen. Mit etwas Überlegung bieten sich noch viele wirkungsvolle Trickmöglichkeiten an.

RÄTSEL UM DREI SEILSTÜCKE

Zubehör: 1 Stück Seil 40 cm lang, 1 Stück Seil 55 cm lang, 1 Stück Seil 70 cm lang

Trickbeschreibung: Der Zauberkünstler zeigt drei verschieden lange Seilstücke einzeln vor. Er nimmt die Seilstücke in seine linke Hand und lässt sie nebeneinander nach unten hängen. Die unteren Enden werden nach oben genommen. Die Zuschauer sehen jetzt drei verschieden lange Schlaufen. Der Magier zieht nun die Seilstücke durch seine Hände, und auf rätselhafte Weise hält er nun drei gleich lange Stücke in seiner Hand. Dann gibt er die Seile zur Untersuchung, wobei sie wieder verschiedene Längen aufweisen.

Ausführung: Die drei Seilstücke werden, wie es die Abbildung zeigt, in der linken Hand sortiert gehalten. Ende 1 wird hochgenommen und zwischen Daumen und Zeigefinger genommen, so dass es Nummer 4 wird. Ende 2 kommt neben 4 und wird 5. Ende 3 kommt neben 5 und wird 6. So zeigt man durch Drehen der Hand die verschieden langen Schlaufen, indem man auch die Zuschauer kurz gegen die Handinnenseite sehen lässt.

Dann werden die Seilenden gewechselt: Ende 4 hinter 3 schieben, 4 liegt jetzt anstelle 3 und 3 anstelle 4. Nach dieser Lage die Enden 1, 2 und 4 ergreifen und nach oben ziehen bis man die Schlaufe in der Mitte der Hand fühlt. Dann 3, 5 und 6 rasch nach unten ziehen. Für die Zuschauer sind nun alle drei Seilstücke gleich lang. Die Zeichnung gibt die Erklärung für dieses Rätsel.

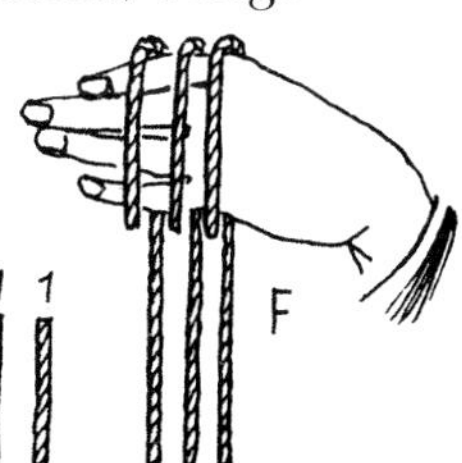

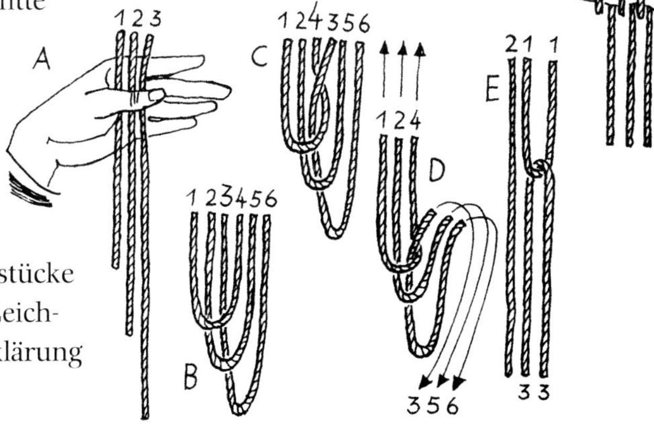

SERVIETTEN-TRICK

Zubehör: 4 Servietten, Klebstoff

Trickbeschreibung: Eine Serviette wird vorgezeigt und vom Magier in einzelne Streifen gerissen. Die Streifen werden aufeinandergelegt und nochmals entzweigerissen. Die Reste werden zusammengefaltet, und ein Zuschauer muss sie halten. Sofort wiederholt der Zauberkünstler mit einer anderen Serviette das gleiche Spiel. Der Zuschauer wird ersucht, die zerrissene Serviette zu entfalten, und der Zauberer tut das auch mit seiner Serviette. Ein magisches „Wunder" ist geschehen, denn beide Servietten sind wieder ganz.

Ausführung: Zwei Servietten werden aufeinandergelegt und an der linken oberen Ecke mit einer Fläche von etwa 5 cm Durchmesser mit Alleskleber zusammengeklebt. Der Klebstoff wird zwischen die beiden Blätter gebracht.

Eine der beiden Servietten faltet man ziehharmonikaartig zusammen. Zuerst der Breite nach und den so entstandenen Streifen dann auch in der Höhe. Diese präparierte Serviette verwendet man selbst für den Trick.

Für den Zuschauer wird folgende Vorbereitung getroffen. Eine Serviette wird ziehharmonikaartig zusammengelegt, wie oben beschrieben. Die zweite Serviette wird so darüber gelegt (nicht geklebt), dass man beim Aufheben ohne Mühe das kleine Päckchen mitergreifen kann. Die zusammengefaltete Serviette muss sich an der linken oberen Seite befinden.

Die so aufgenommene Serviette wird zerrissen. Man führt dann eine Rechtsbewegung aus, behält die zerrissenen Teile in der rechten Hand und wirft mit der linken Hand das zusammengefaltete Päckchen einem Zuschauer zu, der es festhalten muss. Mit der rechten Hand holt man aus der Servante die dort liegende präparierte Serviette (geklebt) und lässt dabei die zerrissenen Teile aus der Hand gleiten. Die Serviette wird so zwischen den Händen gehalten, dass das präparierte Päckchen sich

links oben, und von den Zuschauern abgekehrt, befindet. Von der Serviette werden Streifen abgerissen, die in die linke Hand kommen. Auf der den Zuschauern zugewendeten Seite werden sie gegenüber dem Faltpäckchen aufeinandergelegt. Die so aufeinanderliegenden Streifen wer-

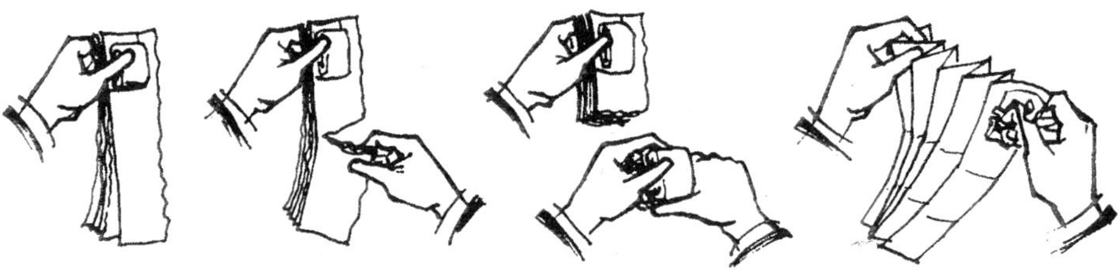

den noch einmal quer zerrissen. Man hält jetzt das zusammengefaltete Päckchen und die dahinter liegenden Serviettenreste in einer Hand. Die zerrissenen Teile werden mit den überstehenden Rändern des angeklebten Reststückes am Faltpäckchen umschlagen und zusammengedrückt. Man dreht das Päckchen so, dass das zusammengefaltete Stück zu den Zuschauern zeigt. Jetzt beginnt man mit dem Entfalten. Die zerrissenen Serviettenreste hängen dabei an der Serviette. Zu Beginn des Auseinanderfaltens wird der Zuschauer aufgefordert, seine Serviette ebenfalls aufzufalten. Die Zeichnungen zeigen den genauen Trickablauf.

ZERSCHNEIDEN EINES SEILES

Zubehör: 1 weiches Seil, 6–8 mm stark, 1,5 m lang, 1 Schere

Trickbeschreibung: Nachdem der Zauberkünstler erklärte, er wolle jetzt einen berühmten indischen Seiltrick vorführen, lässt er ein Seil und eine Schere durch eine von den Zuschauern genannte Person untersuchen. Selbst eine Lupe wird gereicht, doch auch mit dieser ist an dem Seil nichts Auffälliges zu entdeckcn. Nach dem Aufsagen einer kleinen magischen Formel legt der Zauberkünstler die Schnur doppelt zusammen. Das geschlossene Ende des Seils wird durch die Hand gezogen und vom Zuschauer durchgeschnitten. Einwandfrei sehen nun alle Zuschauer vier Seilenden. Die durchschnittenen Stellen werden jetzt vom Vorführenden verknotet. Zwei Zuschauer dürfen das Seil an den Enden strammziehen, wobei der Knoten verschwindet und das Seil wieder unversehrt ist.

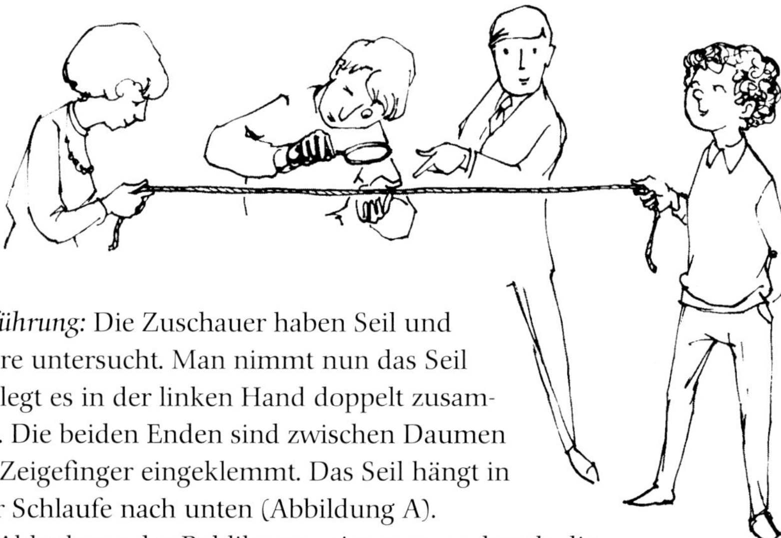

Ausführung: Die Zuschauer haben Seil und Schere untersucht. Man nimmt nun das Seil und legt es in der linken Hand doppelt zusammen. Die beiden Enden sind zwischen Daumen und Zeigefinger eingeklemmt. Das Seil hängt in einer Schlaufe nach unten (Abbildung A).
Zur Ablenkung des Publikums zeigt man nochmals die rechte Hand leer vor. Dann wird die Schlaufe hochgenommen und ebenfalls zwischen Daumen und Zeigefinger gehalten. So sehen es jedenfalls die Zuschauer. In Wirklichkeit aber bildet man von dem einen Ende des Seiles eine Schlaufe durch Hochziehen und Festhalten zwischen Dau-

men und Zeigefinger. Die eine gebildete Schlaufe (Seilendstück) wird durchgeschnitten (Abbildung C). Praktisch ist von dem Seil ein Stück abgeschnitten worden. Zieht man jetzt von den hängenden Doppelschlaufen je ein Ende herab, so kann man vier Enden,

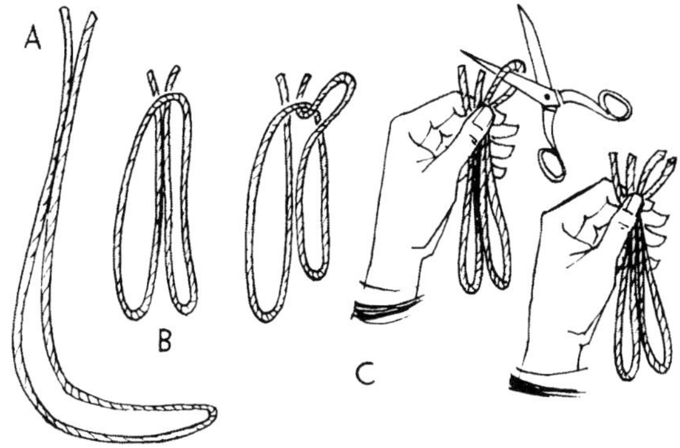

also zwei Seilstücke sehen lassen. Die Täuschung des scheinbar in der Mitte durchgeschnittenen Seiles ist vollkommen. Man muss nur darauf achten, dass die Kreuzungsstelle des langen Seiles mit dem abgeschnittenen kurzen Ende durch den Daumen verdeckt wird. Mit einem langen Ende wird jetzt ein Knoten über das kurze Seilstück gelegt. Die überstehenden kurzen Enden des Knotens werden dicht an diesem abgeschnitten. Zieht man das Seil nun auseinander, dann springt der Rest des abgeschnittenen und zum Knoten gebildeten Seilstückes ab. Das Seil ist wieder unversehrt. Allerdings etwas kürzer, was aber niemand bemerkt (die Abbildungen A–E zeigen den genauen Trickablauf).

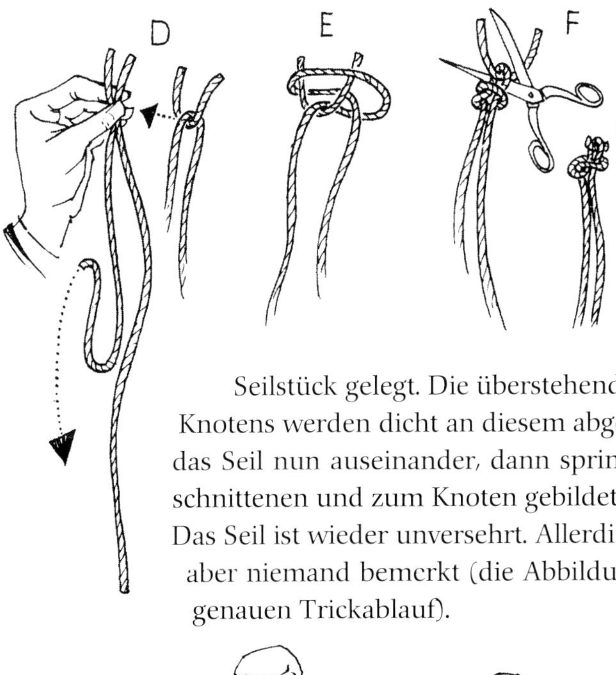

KNALLTÜTE

Zubehör: Seidentücher, Papiertüten, etwas Konfetti

Trickbeschreibung: Der Zauberkünstler lässt ein buntes Seidentuch verschwinden, wobei sich dasselbe in einen Konfettiregen verwandelt. Zunächst wird eine Verpackungstüte leer vorgezeigt. In diese gibt der Vorführende ein Tuch. Der Beutel wird aufgeblasen und zum Zerplatzen gebracht. Anstelle des Tuches wirbelt eine Konfettiwolke auf.

Ausführung: Zunächst besorgt man sich beim Kaufmann einige gewöhnliche Einkaufstüten. An einer davon wird vom oberen Öffnungsrand ein Stück von etwa 3 cm abgeschnitten. An der unteren, geschlossenen Seite der Tüte werden mit einem Bürolocher etwa 10 Löcher gestanzt. Diese so vorbereitete Tüte schiebt man in eine unpräparierte Tüte. Der obere Rand wird zusammengeklebt. Zuvor wird jedoch in den entstandenen Zwischenraum etwas Konfetti eingefüllt. Nachdem man die Tüte leer vorgezeigt hat, wird ein Seidentuch hineingegeben. Man bläst nun die Tüte auf, um sie zum Zerplatzen zu bringen. Durch die Löcher in der inneren Tüte hat sich beim Aufblasen auch ein Luftpolster im Zwischenraum gebildet. Da sich die Luft im inneren Teil der Tüte pressen kann, zerplatzt nur die äußere Hülle. So kommt es zu einem wirkungsvollen Konfetti-Regen.

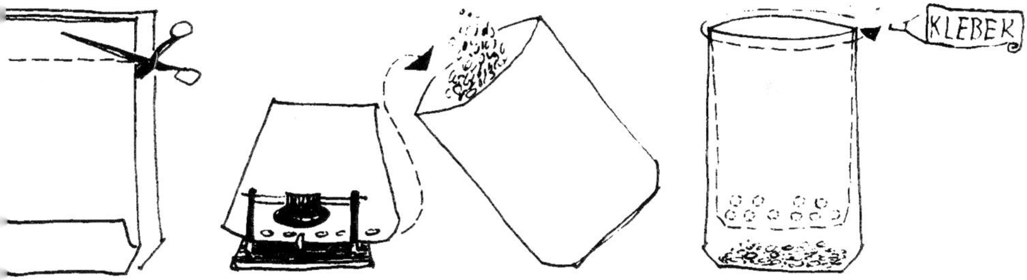

Und hier noch einige andere Trickhinweise. Ein gelbes Tuch wird zwischen die Tüten eingelegt. Ein rotes Tuch kommt in die Tüte. Sie wird aufgeblasen und zum Zerplatzen gebracht. Das rote Tuch ist verschwunden. Dafür erscheint das gelbe Tuch.

Tuchverknotung: In den Zwischenraum der Tüten kommen drei miteinander verknotete Tücher in verschiedener Farbe. Drei weitere Tücher werden einzeln in die Tüte gesteckt. Wiederum wird die Tüte aufgeblasen, wobei die losen Tücher im Innern der Hülle verbleiben und aus dem aufgeplatzten Teil die zusammengeknoteten Tücher erscheinen.

Tucherscheinung: Die Tüte wird leer vorgezeigt, zugefaltet und zwischen den Händen zerrissen. Dabei erscheint das vorher in den Zwischenraum eingelegte Tuch. Bei diesem Trick entfällt die Beigabe von Konfetti.

ROT ODER SCHWARZ?

Zubehör: 1 Kartenspiel

Trickbeschreibung: Der Künstler hat vor sich auf dem Tisch ein Kartenspiel mit der Rückseite nach oben ausgebreitet. Die Zuschauer werden gebeten, durch Berühren einzelne Karten auszuwählen. Der Magier nennt jeweils die richtige Farbe, bevor die Karte umgedreht wird.

Ausführung: Das Geheimnis dieses Kunststückes ist äußerst einfach; trotzdem ist der Trick sehr wirkungsvoll. Man sortiert vor dem Trickbeginn das Spiel nach roten und schwarzen Karten. Ein Päckchen biegt man nach innen, das andere nach außen. Dann mischt man alle Karten gut durcheinander. An der Biegung der einzelnen Karte erkennt man sofort die Farbzugehörigkeit der Karte. Die Biegung der Karten darf nicht so stark sein, dass es den Zuschauern auffällt.

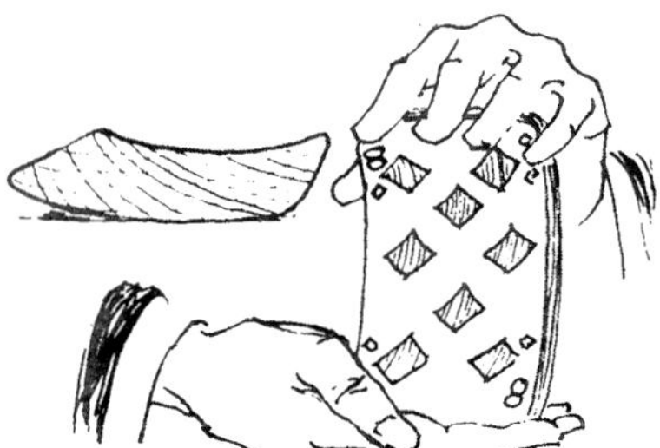

HOHLZAUBERSTAB

Zubehör: 1 Hohlzauberstab (präpariert), 2 gleichfarbige Seidentücher etwa 25 x 25 cm, 1 Zeitungsbogen

Trickbeschreibung: Der Magier zeigt einen Zauberstab vor, nachdem er mit einigen streichenden Bewegungen den Stab bezaubert hat, lässt er ihn frei in der Hand schweben. Dann dreht der Vorführende aus einem Bogen Zeitungspapier eine Tüte, die leer vorgezeigt wird. Ein farbenprächtiges Seidentuch wird nun über die Tüte gedeckt.

Der Vorführende erklärt, er werde das Seidentuch mit dem Zauberstab in die Tüte hineinschieben und es so sichtbar vor aller Augen verschwinden lassen. So wird das Tuch in die Tüte geschoben, die dann verschlossen wird. Ein Zuschauer öffnet sie wieder, und zum großen Ergötzen aller ist das Tuch aus der Tüte verschwunden. Lächelnd greift der Magier in seine Jackentasche, um von dort das Tuch wieder erscheinen zu lassen.

Ausführung: Für den hohlen Zauberstab besorgt man sich bei einem Instrumentenmacher ein Stück Messingrohr von 15 mm Durchmesser und etwa 36 cm Länge. Ein Ende des Rohres wird mit einem etwa 10–15 mm langen Holzpfropfen verschlossen. Nun benötigt man noch ein Stück Draht von etwa 2 mm Durchmesser und 33 cm Länge. Zum Verschluss des noch offenen Zauberstabendes lässt man sich bei einem Drechsler das erforderliche Endstück drehen. Das muss, wie es die Abbildung zeigt, etwa 34 mm lang sein. Der Außendurchmesser beträgt wie beim Messingrohr 15 mm Durchmesser. Das Mittelstück in der Länge von 10 mm muss leicht klemmend in das Rohr eingeführt werden können. Etwa 12 mm dieses Pass-Durchmessers verlaufen konisch. Die Schräge dient dabei zum sicheren Einführen des Verschlussstückes in den Hohlstab. Der Draht selbst wird in das fertige Verschlussstück eingeführt, das kleiner vorgebohrt worden war. Der Draht muss fest im Endstück sitzen. Damit beim Herausziehen des Drahtes kein metallisches Geräusch entsteht, wird er mit einem Ventilschlauch, wie man ihn für Fahrräder verwendet, überzogen. Der Rohrstab wird nun schwarz lackiert. Die beiden Enden werden in einer Länge von je 6 cm weiß gestrichen.

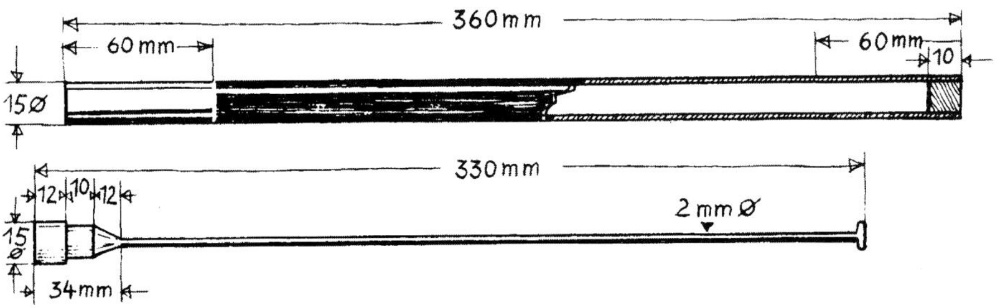

Nach Aufnahme des Zauberstabes lässt man ihn an der flachen Hand schweben. Wie dies gemacht wird, ist bereits zu Beginn des Buches unter „Der Zauberstab" beschrieben worden. Auf dem Zaubertisch liegen ein Seidentuch und ein Zeitungsbogen in Bereitschaft. Das zweite Seidentuch befindet sich in der Jackeninnentasche. Man formt aus dem Bogen eine Tüte, die lang genug ist, um das Drahtstück des Zauberstabes aufzunehmen und zu verdecken. Die gedrehte Tüte nimmt man in die linke Hand und demonstriert durch Hineinstecken des Zauberstabes, dass sie leer ist. Beim Herausnehmen des Stabes hält man die Tüte senkrecht, wobei das Endstück mit dem Draht in der Tüte verbleibt. Es wird in der

Tütenspitze von der linken Hand festgehalten. Herausgezogen und abgelegt wird also nur der hohle Stab. Die rechte Hand ergreift nun das Seidentuch, um es gut ausgebreitet über die Tüte zu legen. Hierbei drückt man die Mitte des Tuches so weit in die Tüte hinein, dass sich das oben umgebogene Drahtstück durch das Tuch abbildet. Mit der hohlen Seite voraus schiebt man dann den Zauberstab über das Drahtstück. Für die Zuschauer entsteht der Eindruck, dass der Stab das Tuch in die Tüte schiebt. Tatsächlich schiebt jedoch der Draht das Seidentuch in den Stab. Der Stab wird nach unten gedrückt, bis das Endstück fest verklemmt im Stab sitzt. Schnell nimmt man nun den Stab heraus und legt ihn zur Seite. Die Tüte wird immer senkrecht gehalten, damit niemand hineinsieht. Nun wird sie oben verschlossen. Man kann die Tüte mit dem noch scheinbar darin befindlichen Tuch verbrennen, sie aber auch einem Zuschauer reichen, mit der Bitte, das Tuch doch wieder herauszunehmen. Jeder wird über das spurlose Verschwinden des Tuches erstaunt sein. Jetzt lässt man das zweite Tuch aus der vor Beginn der Vorstellung vorbereiteten Tasche erscheinen. Das im Zauberstab befindliche Tuch kann man später ohne Mühe durch Herausziehen des Endstückes entfernen.

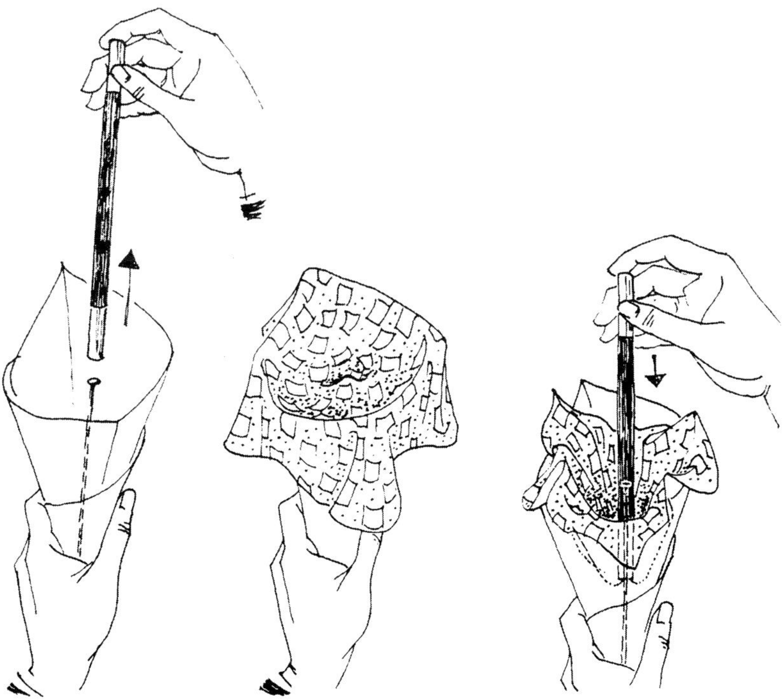

DIE ERSCHEINUNGSRÖHRE

Zubehör: *1 Kartonrohr, 1 hohles Holzklötzchen, 1 Stoffbeutel mit Drahtbügel, verschiedene Gegenstände wie Würfel, Karten, Taschentücher usw.*

Trickbeschreibung: Der Magier steht hinter seinem Zaubertisch. Vor sich hat er ein leuchtend farbiges Rohr und ein Holzklötzchen. Der Magier nimmt die Röhre und zeigt sie leer vor. Zum Beweis, dass wirklich nichts in der Röhre verborgen ist, lässt er das Klötzchen von oben nach unten durch die Röhre gleiten, worauf aus der Röhre eine Fülle verschiedener Gegenstände gleiten.

Ausführung: Zunächst fertigt man eine Kartonröhre von etwa 10 cm Durchmesser und 30 cm Höhe an, die mit selbstklebender Folie beklebt wird. Innen muss die Röhre schwarz sein. Aus einem weiteren Kartonrohr, das in das erste Rohr hineinpassen muss, wird das im Trick als Klötzchen bezeichnete Stück gefertigt. Es ist auf einer Seite geschlossen, auf der anderen Seite offen. Beklebt wird das Klötzchen mit einer Folie, die einer Holzoberfläche ähnlich ist. Gegebenenfalls kann man sich solch ein Klötzchen bei einem Drechsler anfertigen lassen. Als letztes Hilfsmit-

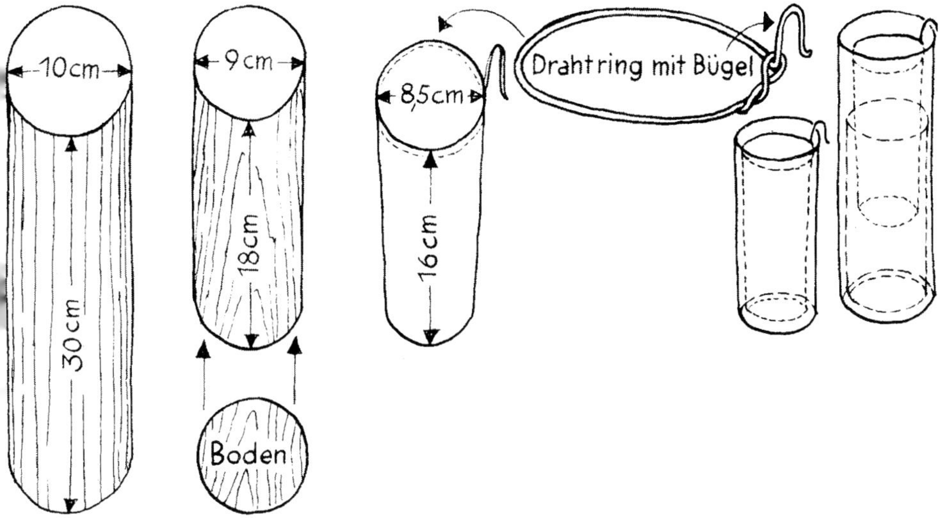

tel näht man noch einen schwarzen Stoffbeutel mit den in der Zeichnung angegebenen Maßen. In den Stoffbeutel füllt man die Gegenstände, die später erscheinen sollen. Der Beutel hängt im Klötzchen.

Und nun zum Trickablauf: Die Röhre wird leer vorgezeigt. Das Klötzchen mit dem eingehängten Füllbeutel lässt man von oben durch die Röhre gleiten und fängt es unten wieder auf. Der Füllbeutel bleibt durch den Drahtbügel in der Röhre hängen. Jetzt kann man aus der Röhre die Gegenstände hervorzaubern. Mit dem Durchgleiten des Klotzes wird der Vermutung einer möglichen Röhrenpräparation entgegengewirkt. Die Zuschauer wissen ja nicht, dass das Klötzchen nur dazu dient, den Füllbeutel in die Röhre zu bringen.

ZAHLENVORAUSSAGE

Zubehör: 1 Notizblock, 1 Bleistift, 1 Briefumschlag, 1 Blatt Papier

Trickbeschreibung: Mit einem Notizblock (Wendeblock) kann man ein sehr wirkungsvolles telepathisches Experiment ausführen, das einen nachhaltigen Eindruck beim Publikum hinterlässt. Der Künstler erklärt hierzu, er werde auf telepathischem Wege einigen Zuschauern eine gewünschte Zahl übermitteln. Der Vorführende schreibt sie auf ein Blatt Papier, das in einen Umschlag verschlossen wird. Er geht unter die Zuschauer und lässt nun drei zweistellige Zahlen von drei verschiedenen Zuschauern aufschreiben. Eine vierte Person wird gebeten, diese Zahlen zu addieren. Großes Erstaunen, denn der Zettel aus dem geöffneten Umschlag stimmt mit dem Ergebnis der Addition überein. Der Zauberkünstler wusste also scheinbar vorher das Ergebnis.

Ausführung: Unser einziges Hilfsmittel ist ein einfacher Notizblock, dessen einzelne Blätter nach Möglichkeit in einer Spirale geheftet sind, so dass er als Wendeblock benützt werden kann. Mit verstellter Schrift präpariert man eine Seite des Blockes mit drei zweistelligen Zahlen. Die Addition erfolgt jedoch noch nicht. Das Ergebnis aber schreibt man bei der Vorführung auf einen Zettel, der in einen Umschlag kommt. Auf einer leeren Seite des Blockes lässt man nun von drei verschiedenen Zuschauern Zahlen aufschreiben. Während man sich zum vierten Zuschauer begibt, der die Addition vornehmen soll, wird der Block gedreht. Der Mitwirkende zählt also die Zahlen der vorpräparierten Seiten zusammen. Bei geschickter Vorführung wird man den kleinen Betrug nicht bemerken.

DAS SCHWARZE KABINETT

Zubehör: 1 Kabinett, Wand aus Sperrholz oder Karton,
1 Vase oder ähnlicher Gegenstand, 1 weißes Tuch 30 x 30 cm,
1 schwarzes Tuch 28 x 28 cm

Trickbeschreibung: In einem hübschen, schwarz ausgeschlagenen Kabinett steht eine bunte Vase. Der Künstler hebt Kabinett und Vase auf und zeigt beides vor. Das Kabinett selbst wird auf kleine Füße gestellt, so dass man unter seinem Boden hindurchschauen kann. Die Vase kommt wieder auf ihren alten Platz zurück, und der Vorführende bedeckt sie dann mit einem weißen Tuch. Augenblicklich wird das Tuch wieder abgezogen und ausgeschüttelt. Die Vase ist verschwunden. Das Tuch wird zur Untersuchung gereicht.

Ausführung: Drei Kartons oder Sperrholzplatten in der Größe 21,0 x 29,5 cm bilden die Rück- und Seitenwände. Ein etwas stärkerer Karton oder Sperrholz nach den Maßen der Skizze wird als Bodenplatte benützt. An die Bodenplatte klebt man eine Leiste. Sie dient dazu, die aus den zusammengeklebten Platten gebildete spanische Wand zu befestigen. Die Befestigung selbst kann mit Schrauben oder Druckknöpfen vorgenommen werden. Die spanische Wand und die obere Seite des Bodens beklebt

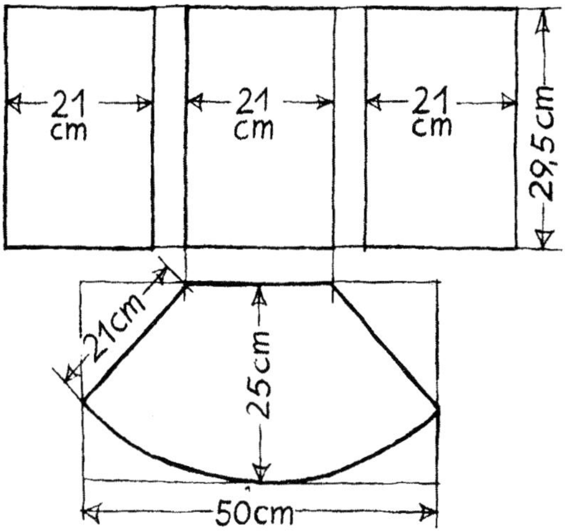

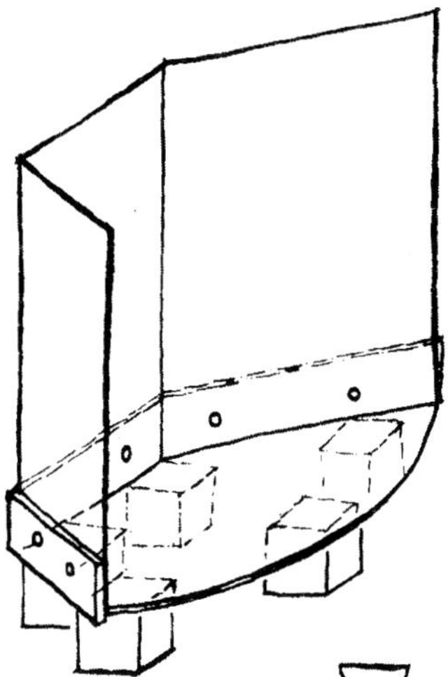

man mit einem dünnen schwarzen Stoff. Am besten hat sich d-c-fix-Samt-Oberfläche bewährt. Auf eine gute Standfestigkeit des zusammengebauten Kabinetts ist zu achten. Zur Vervollkommnung der Täuschung wird das Kabinett auf kleine Würfel gestellt, etwa in den Abmessungen 5 x 5 cm.

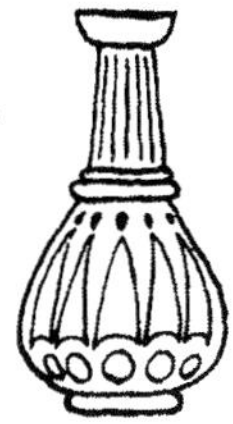

Des weiteren benötigen wir ein weißes Tuch 30 x 30 cm. Aus schwarzem Stoff (möglichst Samt) fertigt man noch ein Tuch in der Größe 28 x 28 cm an, in dessen Saum kleine Bleikugeln eingenäht werden.

Kabinett und Blumenvase werden durch Hochheben vorgezeigt. Die Vase wird in die Mitte des Kabinettbodens gestellt. Das Ganze kommt auf die bereitstehenden Füßchen. Man zeigt dann den Zuschauern das weiße Tuch, hinter dem sich das kleinere, schwarze Tuch befindet. Beide Tücher werden über die Vase gelegt. Das schwarze Tuch deckt hierbei den Gegenstand einwandfrei ab. Mit einem schnellen Zug zieht man jetzt das weiße Seidentuch nach oben weg. Das schwarze, das sich gegen seinen gleichfarbigen Hintergrund nicht abhebt, bleibt durch das Gewicht der Bleikugeln beschwert über der Vase liegen. Die Vase ist somit den Blicken der Zuschauer verborgen. Sichtbar ist nur das scheinbar leere Kabinett.

DIE GEHEIMNISVOLLEN FARBSCHEIBEN

Zubehör: 7 Stück Bierdeckel,
1 starkes Seidenband oder Schnur 1,20 m lang

Trickbeschreibung: Der Magier reicht mehrere farbige Scheiben, die in der Mitte gelocht sind, und eine Scheibe mit Durchbrüchen sowie ein Seidenband zum Untersuchen. Anschließend wird die einzige mit Durchbrüchen versehene Scheibe durch eine Schlaufe auf dem Seidenband zuunterst befestigt. Dann werden über beide Bandenden die übrigen Scheiben aufgezogen und das Band verknüpft. Es erscheint völlig ausgeschlossen, die Scheiben ohne Lösen des Knotens oder Durchschneiden des Bandes zu lösen. Das Band mit den Scheiben wird von einem Zuschauer gehalten. Über das Ganze deckt nun der Zauberer ein Tuch und – hokus pokus – schon fallen die Scheiben auf den Boden, ohne dass das Band losgelassen oder beschädigt wird.

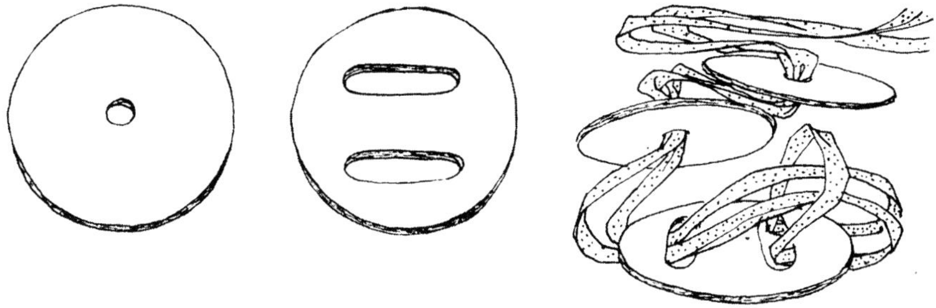

Ausführung: Damit die zur Verwendung kommenden Gegenstände dekorativ aussehen, beklebt man die Bierdeckel mit farbigem Papier. Ein Deckel davon ist mit zwei Durchbrüchen, wie es die Abbildung zeigt, zu versehen. In die übrigen Scheiben wird in der Mitte ein Loch von etwa 3–4 mm Durchmesser gebohrt.
Die Anordnung der Scheiben für den Trick ist der Zeichnung zu entnehmen. Um die Scheiben von dem Band zu befreien, muss man zunächst die untere Scheibe entfernen. Dies geht folgendermaßen vor sich: Die mit einem „X" bezeichnete Stelle des Bandes wird ein wenig nach oben gezogen. Die so entstehende Schlaufe schiebt man nun von vorn nach hinten durch die obere Öffnung der Scheibe. Die Schlaufe muss so weit gezogen werden, dass sie ein kleines Stück hinten über den oberen Scheibenrand hinausragt. Dann zieht man die Schlaufe breit auseinander und von hinten nach vorn über die Scheibe. Die Scheibe wird also ganz durch die Schlaufe hindurchgeschoben und vom Band befreit. Die anderen aufgezogenen Farbscheiben kann man jetzt einfach abstreifen. Die Befreiung der Scheiben findet natürlich unter dem Schutz eines Tuches statt.

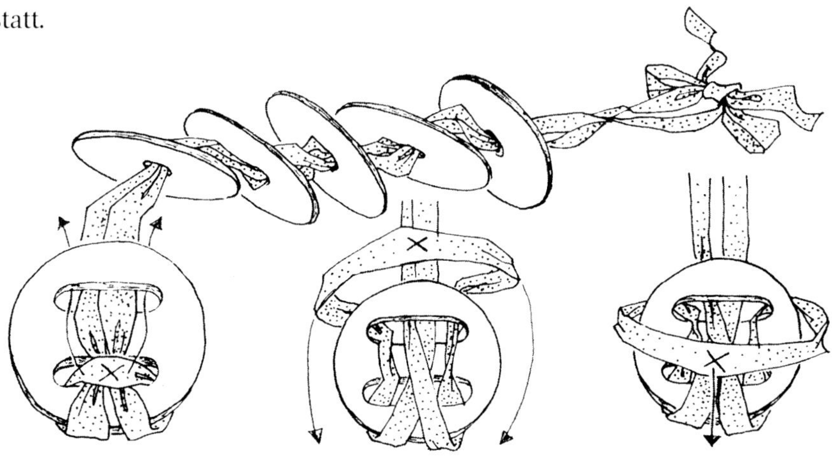

ZERSCHNITTEN UND DOCH GANZ

Zubehör: *1 Geldschein (10 Euro), 1 Briefumschlag 115 x 82 mm, 1 Schere*

Trickbeschreibung: Der Vorführende lässt sich von einem Zuschauer leihweise einen Geldschein geben. Mit einer Schere werden von einem bereitliegenden Briefumschlag die beiden Schmalseiten abgeschnitten. Der Geldschein wird durch den Umschlag geschoben, so dass beide Enden des Scheines für die Zuschauer sichtbar bleiben. Zum Entsetzen des Zuschauers, der den Geldschein gab, schneidet der Vorführende Umschlag und Schein in der Mitte durch. Noch bevor sich der Geldgeber von seinem Schreck erholen konnte, wird ihm der Geldschein unversehrt zurückgegeben, während der Briefumschlag tatsächlich zerschnitten wurde.

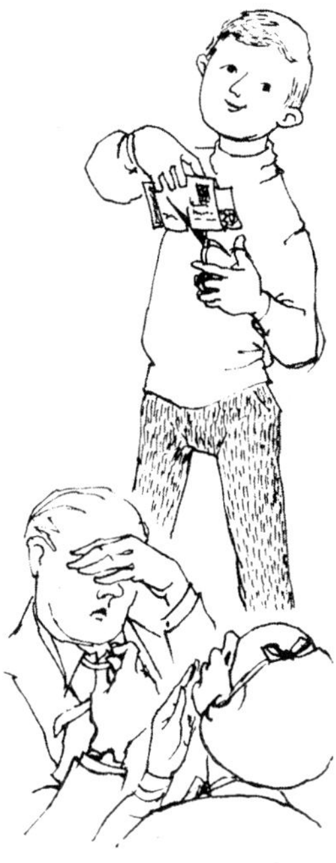

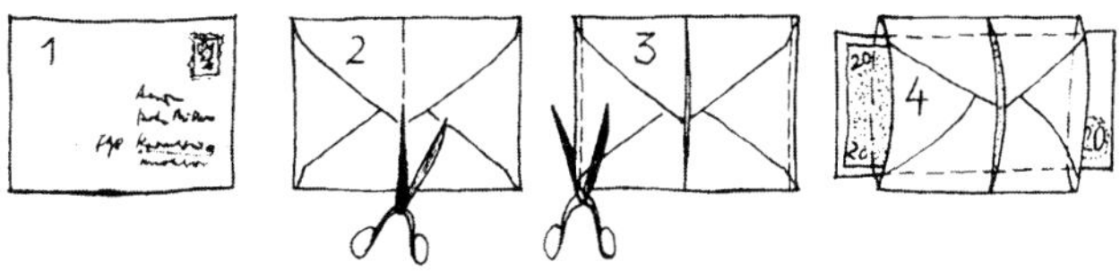

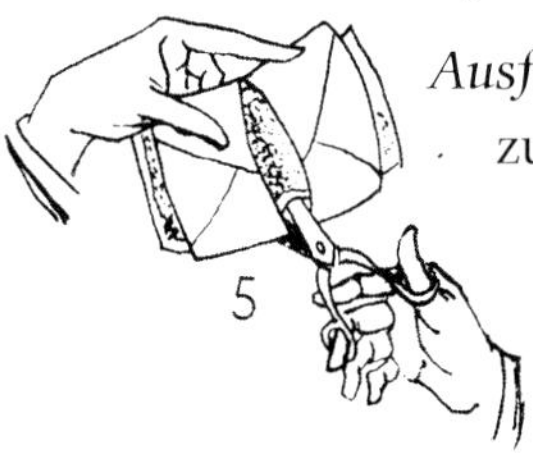

Ausführung: Der Briefumschlag sollte zugeklebt sein. Sehr echt wirkt der Trick, wenn der Umschlag die eigene Anschrift trägt und eine abgestempelte Briefmarke besitzt. Die einzige Präparation ist ein Schnitt auf der Seite des Umschlages, wie es die Zeichnung zeigt. Man leiht sich nun einen Geldschein von 10 Euro. An dem Briefumschlag werden rechts und links die beiden Schmalenden abgeschnitten, so dass man den Geldschein in den Umschlag schieben kann. Mit der Scherenspitze fährt man unter den Schein und schneidet die Vorderseite des Umschlages entzwei. Gleich darauf gibt man den unversehrten Geldschein zurück und lässt die beiden Umschlagteile untersuchen. Bei flotter Vorführung ist dies ein verblüffendes Experiment.

GROSSER EIER-ZAUBER

Zubehör: 1 schwarzes Stofftuch 30 x 30 cm, 1 Gips- oder Plastikei, 1 Stück Perlonfaden, 1 Zylinderhut, 1 kleiner Stoffbeutel (handtellergroß)

Trickbeschreibung: Ein Zylinderhut wird leer vorgezeigt. In der anderen Hand befindet sich ein schwarzes, zusammengeballtes Tuch. Über dem Hut wird das dunkle Tuch entfaltet und so gedreht, dass sowohl die Vorder- als auch die Rückseite zu sehen ist. Nunmehr wird mit dem vorgezeigten Tuch die Hutöffnung bedeckt. Der Zauberer bildet durch Zusammenlegen des Tuches eine Servante und lässt daraus ein Ei in den Zylinderhut fallen. Das wird mehrere Male wiederholt. Anstelle der Eier verteilt der Zauberkünstler Kekse oder Bonbons. Die Eier selbst sind verschwunden.

Ausführung: An einem Stofftuch ist ein Perlonfaden vernäht, an dessen Ende ein Ei befestigt ist. Fasst man das Tuch an der Stelle, an der der Faden festgenäht ist, so ist das Ei durch das herabhängende Tuch verdeckt. So legt man es in den vorher leer gezeigten Hut. Dann fasst man die beiden Tuchzipfel, die dem Perlonfaden gegenüberliegen, und zeigt das Tuch unter Drehen leer vor. Das Ei hängt dabei verdeckt im Zylinderhut. Nachdem der Hut zugedeckt wurde, wird das Tuch an der Nahtstelle des Fadens gehoben und über dem Hut zusammengelegt. So entsteht ein Servantenbeutel, aus dem man das Ei herausfallen lassen kann. Die Abbildungen zeigen deutlich den Vorgang.
Will man Kekse oder Bonbons erscheinen lassen, so gibt man sie in ein kleines schwarzes Säckchen, das mit einer Nadel im Inneren des Hutes befestigt ist. Beim Vorzeigen des Hutes wird er an der Stelle gehalten, an der der Beutel befestigt wurde.

UNBEGREIFLICHES HELLSEHEN

Zubehör: 6 weiße Zettel, etwa Postkartengröße, 6 Briefumschläge

Trickbeschreibung: Mehrere unbeschriebene Zettel verteilt der Zauberkünstler unter den Zuschauern mit der Bitte, jeweils einen kurzen Spruch daraufzuschreiben. Die Zettel werden in die mitausgeteilten Briefumschläge eingelegt und vom Künstler eingesammelt. Dank der hellseherischen Begabung, die der Vorführende mit einigen Worten erwähnt, ist er überraschenderweise in der Lage, jeweils nach Anlegen des Briefumschlages an die Stirn den niedergeschriebenen Inhalt anzugeben.

Ausführung: Zu diesem Trick benötigt der Vorführende einen vorher eingeweihten Helfer. Dieser schreibt auf den Zettel einen vorher festgelegten Liedanfang oder Spruch wie „Alles neu macht der Mai …" Diesen

vom Helfer geschriebenen Zettel lässt man sich zuletzt beim Einsammeln geben. Nun wird der erste Zettel, dessen Inhalt nicht bekannt ist, an die Stirn gehalten und der bekannte Spruch aufgesagt. In diesem Fall jetzt „Alles neu macht der Mai". Scheinbar zur Kontrolle seiner eigenen Fähigkeit entfaltet man den Zettel und fragt, ob dieser Spruch stimme. Der Zuschauer wird es bestätigen. Selbst sagt man mit einem Blick auf den Zettel „ja, es ist richtig" und liest den unbekannten Text des aus dem Umschlag genommenen Zettels. Man merkt sich die Niederschrift und legt den Zettel sofort in einen bereitgestellten Hut oder Behälter, damit er von den Zuschauern nicht gelesen werden kann. Man legt jetzt den nächsten Briefumschlag an die Stirn, für den man den eben gelesenen Spruch aufsagt. Die vorbeschriebene Vorführungsart wiederholt sich bis zum letzten Zettel.

Sobald auch dieser abgelegt ist, kann man alle Zettel von den Zuschauern kontrollieren lassen.

Man muss die Vorführung dieses Experimentes gut üben, bevor man damit vor ein Publikum tritt. Vor Beginn werden die Zuschauer gebeten, während der Vorführung nicht zu stören oder Zwischenfragen zu stellen. Man erklärt das mit der Konzentration, die zum Gelingen des Experiments unbedingt notwendig ist.

SENSATION MIT DEM ZAUBERSEIL

Zubehör: 1 weiches Seil etwa 1,20 m lang

Trickbeschreibung: Ein völlig unpräpariertes Stück Seil wird zum Untersuchen gereicht. Nachdem kein Zuschauer etwas Absonderliches daran findet, lässt sich der Künstler das Seil zurückgeben. Nun wird mit dem Seil ein großer Knoten geschlagen, dann folgt ein zweiter Knoten. Ein Ende des Seiles wird durch die entstandenen Schlingen gezogen, und zur Verblüffung der Zuschauenden sind die Knoten spurlos verschwunden. Sehr unterhaltsam ist es, diesen Zaubertrick von einem der Zuschauer nachmachen zu lassen. Es wird mit Sicherheit keinem gelingen, den Trick auszuführen, wenn er nicht das Geheimnis der Knotenentwirrung kennt. Das Ergebnis bei dem Zuschauer wird ein wildes Durcheinander von Knoten sein.

Ausführung: Man erfasst mit der rechten Hand ein Seilende und lässt es senkrecht nach unten hängen. Die linke Hand ergreift das andere Ende des Seiles und macht den ersten Knoten. Dieser Knoten darf nicht von vorn, sondern muss von hinten her geknotet werden. Der Knoten selbst wird nicht angezogen (siehe Abbildung). Der zweite Knoten wird von vorn her geschlagen. Nun wird das Seilende, das die rechte Hand hält, von vorne durch die Schlinge und ebenfalls von vorne durch die obere Schlinge gezogen. Man zieht die Seilenden stramm, und die Knoten sind verschwunden.

Die Abbildung zeigt den Ablauf, wie ihn der Künstler von sich aus sieht.

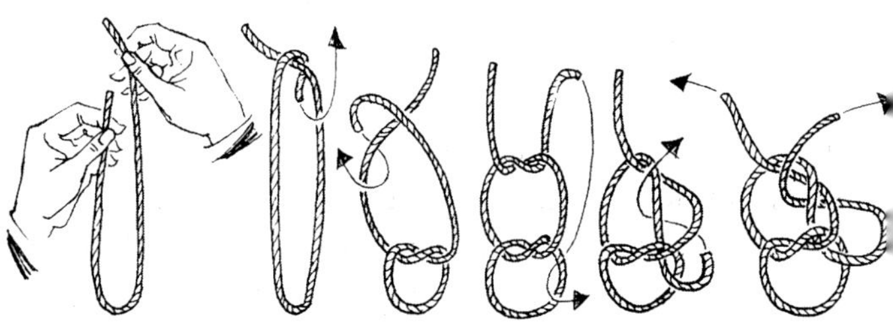

DAME UND BUBE

Zubehör: 1 Kartenspiel

Trickbeschreibung: Durch einfaches Vertauschen einzelner Karten kann man ein sehr wirkungsvolles Kunststück vorführen. Bei guter Vorführung werden selbst geübte Skatspieler getäuscht. Einem Skatspiel entnimmt der Magier eine Dame und einen Buben. Diese beiden Karten werden einem Zuschauer mit der Bemerkung gereicht, er solle sich die Karten merken. Der Zuschauer wird gebeten, die beiden Karten einzeln ins Spiel zurückzustecken. Der Vorführende legt das Kartenpäckchen auf den Tisch und demonstriert damit, dass die Lage der ins Spiel gesteckten Karten nicht fixiert ist. Das Kartenpäckchen wird wieder aufgenommen und mit einem kurzen Ruck auf den Tisch geworfen. In der Hand des Künstlers bleiben nur die zwei Karten Dame und Bube zurück.

Ausführung: Dem Kartenspiel werden die Karten Karo-Dame und Karo-Bube sowie Herz-Bube und Herz-Dame entnommen. Von diesen vier Karten werden Herz-Bube und Karo-Dame so auf das Spiel gelegt, dass eine Karte unten und die andere sich oben auf dem Kartenpäckchen befindet. Die beiden übrigen Karten erhält der Zuschauer „Herz-Dame und Karo-Bube". Vom Zuschauer werden diese beiden Karten an x-beliebiger Stelle ins Spiel gesteckt. Das Kartenpäckchen wird auf dem Tisch aufgestoßen und als Päckchen geordnet auf den Tisch gelegt. Damit wird jeder Verdacht entkräftet, dass man die ins Spiel geschobenen Blätter festhalten kann. Man ergreift nun das Päckchen und wirft das ganze Spiel auf den Tisch. Zwei Karten bleiben in der Hand des Künstlers zurück. Es sind die umgekehrten Karten der gleichen Farben, die vorher zuunterst und zuoberst auf das Spiel gelegt wurden (Herz-Bube und Karo-Dame). Diese beiden Karten werden nur kurz vorgezeigt und sofort ins Spiel zurückgesteckt. Der Bluff gelingt mit Sicherheit, weil sich die meisten Zuschauer nur die Farbe und Bezeichnung Bube und Dame merken. Damit die oberste und unterste Karte beim Abgleiten der übrigen Karten am Daumen und den Fingern haften bleiben, befeuchtet man vor dem Wurf die Finger.

ZAUBEREI MIT RINGEN

Zubehör: 3 Kunststoffringe etwa 80–100 mm Durchmesser, Ringdicke etwa 5–8 mm, 1 Taschentuch, 1 Zauberstab

Trickbeschreibung: Zwei massive, völlig geschlossene Ringe reicht der Magier dem Publikum zum Untersuchen. Nach Rückgabe der Ringe werden dieselben vom Zauberkünstler durch Umkreisen mit dem Zauberstab behext. Der Magier schlägt die Ringe aneinander, und sofort sind sie fest miteinander verkettet. Vor den Augen des Publikums hat ein Ring den anderen durchdrungen. Mit einem kleinen Zauberspruch löst der Zauberkünstler die Verkettung.

Nach diesem Experiment zeigt der Zauberkünstler ein Taschentuch vor, über das er einen der Ringe zieht. Auf unerklärliche Weise durchdringt der geschlossene Ring das gespannte Tuch.

Der Künstler führt noch ein weiteres Experiment mit einem Ring vor. Er lässt einen der Ringe einen massiven Zauberstab durchdringen.

Ausführung: Von den drei Kunststoffringen sind zwei völlig geschlossen und unpräpariert. Ein Ring wird mittels einer Feinsäge mit einem schrägen Schlitz aufgeschnitten. Mit dem geschlitzten Ring ist es möglich, durch leichtes Anschlagen an den geschlossenen Ring beide miteinander zu verketten. Bei der Vorführung selbst ist man etwas vorsichtig, damit der geschlitzte Ring nicht zerbricht. Die Vorführung selbst ist folgendermaßen:

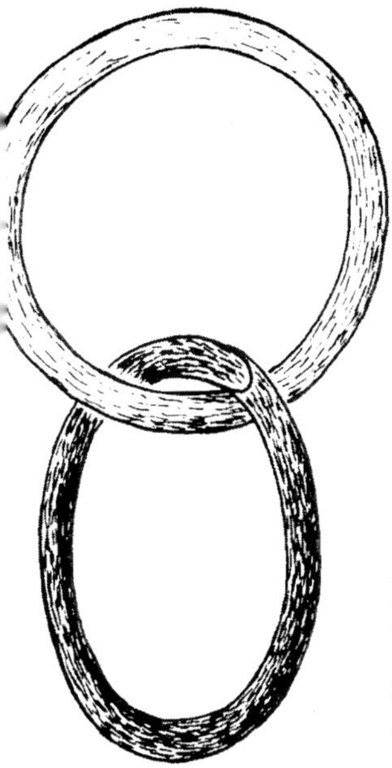

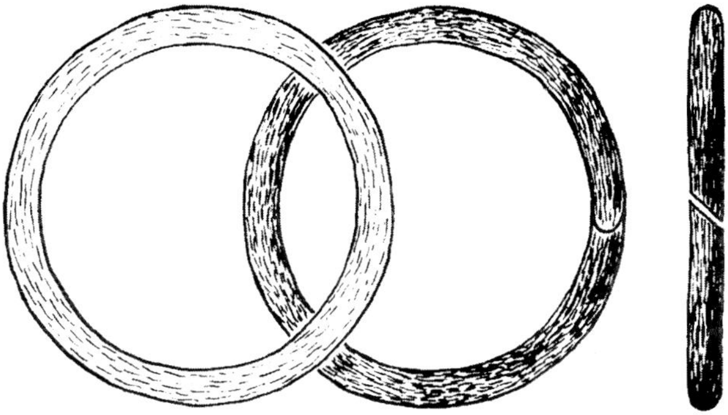

Die beiden unpräparierten Ringe werden zum Untersuchen gegeben. Nach Rückgabe legt man sie auf den Zaubertisch. Hier liegt hinter der Servante der geschlitzte Ring zum Austausch bereit. Man ergreift jetzt den ersten Ring mit der linken Hand. Die rechte Hand nimmt den Zauberstab auf und umkreist den Ring. Man erklärt hierzu, dass mit der magischen Kraft des Zauberstabes der Ring erst behext werden muss. Mit der rechten Hand, in der sich der Zauberstab befindet, wird nun der geschlitzte Ring aufgenommen. Auch dieser Ring kommt in die linke Hand und wird mit dem Zauberstab umkreist. Niemand hat den Ringaustausch bemerkt. Jetzt nimmt man die beiden Ringe einzeln in die Hand, wobei man den geschlitzten Ring mit der präparierten Stelle über den anderen Ring gleiten lässt. So werden die Ringe miteinander verkettet. Die Schlitzstelle wird mit Daumen und Zeigefinger abgedeckt. Man kann aber auch den präparierten Ring unverdeckt sehen lassen, wenn die Ringe hierbei immer in Bewegung gehalten werden. Durch leichtes Verbiegen des präparierten Ringes an der Stoßstelle werden die Ringe wieder gelöst. Will man sie wieder zum Untersuchen reichen, werden die Ringe durch Aufnahme des Zauberstabes angeblich wieder „enthext". Das geschieht zuerst mit dem präparierten Ring, der sofort auf den Tisch abgelegt wird. Jetzt umkreist man noch den unpräparierten Ring und behält ihn gleich in der linken Hand. Während die rechte Hand den Zauberstab ablegt, wird der auf dem Tisch liegende zweite massive Ring aufgenommen und den Zuschauern übergeben.

Der Zauberkünstler zeigt ein Taschentuch vor und fasst es diagonal an den Zipfeln. So wird das Tuch auseinandergezogen vorgezeigt, dabei wird es etwas zusammengerollt. Man nimmt jetzt den präparierten Ring auf und führt ihn über das Tuch. Der Tuchzipfel in der rechten Hand wird zwischen die Zähne genommen und die linke Hand spannt das Tuch. Die rechte Hand greift an den über dem Tuch hängenden Ring, biegt denselben etwas auseinander und zieht ihn kurz vor den Mund, wo das Tuch eng beieinander ist, darüber hinweg. Der Ring hat also das Tuch durchdrungen.

Für das nun folgende Experiment nimmt man den Zauberstab und stellt sich seitwärts zu den Zuschauern. Hierbei drückt man ein Ende des Zauberstabes gegen den Körper. Das andere Ende des Stabes wird von der linken Hand gehalten.
In der rechten Hand befindet sich der geschlitzte Ring. Diesen drückt man nun leicht gegen den Zauberstab, worauf er diesen scheinbar durchdringt und auf dem Stab festhängt. Dazu wird der Ring an der Teilung auseinandergebogen und gleitet über den Stab. Die Loslösung geht in der gleichen Weise vor sich. Die Teilung wird einfach auseinandergebogen. Ringe und Zauberstab hält man in der rechten Hand. Der Stab wird abgelegt, wobei der präparierte Ring gegen den massiven ausgetauscht wird. Dann kann man den Ring wieder untersuchen lassen.

DIE RING-SEIL-DURCHDRINGUNG

Zubehör: 1 Kunststoffring, 80–100 mm Durchmesser, 5–8 mm stark, 1 Seil, etwa 1 m lang und 5 mm stark

Trickbeschreibung: Um auch die letzten Zweifler zu überzeugen, dass die bisher gezeigten Experimente mit den Ringen ohne Präparation verlaufen sind, lässt der Zauberkünstler ein Seil und einen Ring untersuchen. Der Ring wird mit einer Seilschlinge festgekettet und nochmals vorgezeigt. Beide Seilenden werden von Zuschauern gehalten. Der Künstler deckt über den eingeknüpften Ring ein Tuch und befreit blitzschnell den Ring vom Seil. Die Seilenden werden dabei von den Zuschauern niemals losgelassen. Beide Zaubergegenstände können sofort überprüft werden.

Ausführung: Ring und Seil sind unpräpariert. Der Trick kommt durch die Art der Ringverknüpfung zustande. Die Abbildung zeigt deutlich, wie der Ring verknotet wird. Die Lösung des Ringes nimmt man unter Deckung eines Tuches vor. Dazu wird die Schlaufe des Seiles etwas gelockert und einfach die Schlinge über den Ring nach unten gezogen. Der Ring ist sofort frei. Für die Zuschauer ist es genauso unerklärlich, wenn der Ring auf das vom Zuschauer gehaltene Seil in kürzester Zeit verknotet wird. Ebenfalls unter Deckung des Tuches bringt man den Ring in der beschriebenen Weise auf das Seil. Die Zuschauer dürfen aber bei der Trickvorführung das Seil nicht anspannen.

EIWANDERUNG

Zubehör: 2 Eierbecher, 2 Plastik-Eier, 2 Kartonblätter, 4 Büroklammern, 1 Servante

Trickbeschreibung: Den Zuschauern werden zwei leere Eierbecher vorgezeigt. Sie werden vom Vorführenden so auf den Tisch gestellt, dass zwischen beiden ein Abstand von 50 cm bleibt. In den rechten Eierbecher stellt der Vorführende ein Ei. Aus zwei leer gezeigten Kartonblättern formt der Künstler zwei Hülsen, die mit Büroklammern zusammengehalten werden. Je eine Hülse wird über den leeren Becher und über den anderen, in dem sich das Ei befindet, gestülpt. Dann beginnt für die Zuschauer ein nicht zu erklärender Platzwechsel und ein Rätselraten, wo sich nun wohl das Ei befindet. Jedesmal, wenn der Vorführende eine Hülse hebt, ist das Ei in den anderen Becher gewandert.

Zum Schluss meinen die Zuschauer, hinter das Geheimnis gekommen zu sein, deshalb werden sie die Kartonhülsen untersuchen wollen. Zunächst will das der Künstler nicht, worauf die Zuschauer erst recht darauf bestehen werden. Das Erstaunen ist groß, wenn der Vorführende dann die Büroklammer der Hülse löst und die Kartons von beiden Seiten leer vorzeigt.

Ausführung: Aus zwei Kartondeckeln (16 x 16 cm) werden Hülsen geformt, deren Durchmesser so groß ist, dass sie leicht über ein Ei zu

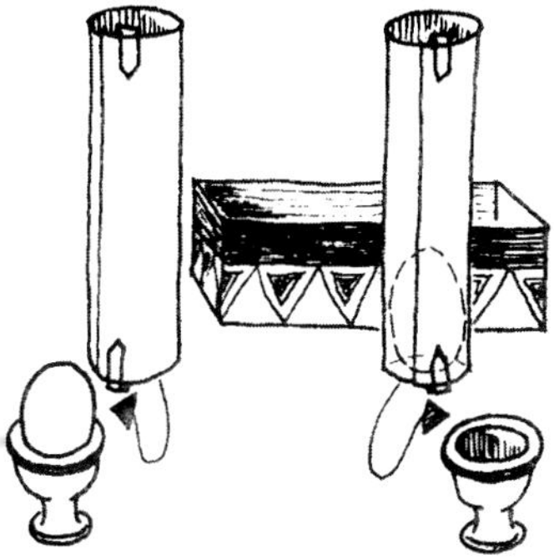

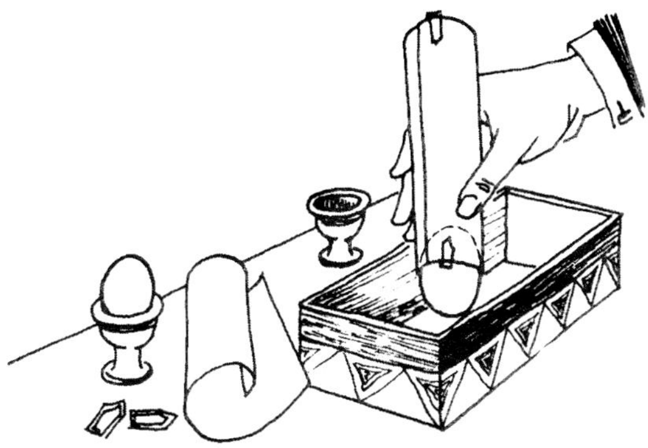

schieben sind. Mit Büroklammern werden die Hülsen zusammengehalten. Eine Hülse bleibt leer, in die andere wird ein Plastikei gesteckt. Nachdem die beiden Eierbecher auf den Tisch gestellt wurden, wird jetzt ein Ei für alle Zuschauer sichtbar in den Becher gestellt. Über den freien Becher stülpt man die Hülse mit dem Ei, wobei zu beachten ist, dass sie so gehalten wird, dass das darin befindliche Ei nicht entdeckt werden kann. In die Nähe, am besten zwischen die Becher, stellt man die Servante. Hebt man jetzt die Hülse vom rechten Eierbecher hoch, wird mit Daumen und Zeigefinger das im Becher befindliche Ei durch leichten Druck mit hochgehoben. Das Ei ist verschwunden. Mit der linken Hand hebt man dann die andere Hülse hoch, wobei das Ei im Becher verbleibt. Für die Zuschauer entsteht so der Eindruck, als wäre das Ei hin- und hergewandert. Schließlich kann man die Zuschauer noch raten lassen, wo sich gerade das Ei befindet. Der Künstler bestimmt ganz nach Belieben, ob der Zuschauer falsch oder richtig geraten hat. Lustig wird der Trick erst dann, wenn die Zuschauer glauben, hinter das Geheimnis gekommen zu sein. Sicher wird bald ein Zuschauer in die Hülse hineinsehen wollen. In diesem Fall macht man zunächst ein etwas verärgertes Gesicht und zögert, um schließlich doch noch die Papierhülsen zu zeigen. Zuvor ist es jedoch erforderlich, ein Ei verschwinden zu lassen. Dies geschieht auf folgende Weise: Sobald man das Ei in der Hülse mit hochnimmt, geht man mit ihm dicht über die Kante der Servante und lässt es hineingleiten. Die Bewegung wird direkt fließend fortgesetzt und die Hülse hochgehoben. Auf diese Weise kann man beide Hülsen leer vorzeigen. In den beiden Bechern befindet sich nur ein Ei. Bei richtiger Vorführung ist dieser Trick ein Erfolg, bei dem man das Publikum gut an der Nase herumführen kann.

MAGIE MIT ZAHLEN

Zubehör: 2 Zettel, 1 Bleistift

Trickbeschreibung: Der Rechenkünstler erklärt, dass unter Mithilfe der Zuschauer eine Rechnung durchgeführt werden soll. Zwei leere Zettel werden vorgezeigt. Bevor die Rechnung begonnen wird, schreibt der Vorführende das noch unbekannte Ergebnis auf einen der beiden Zettel. Dieser Zettel wird nun einem Zuschauer zur Aufbewahrung übergeben. Zwei andere Zuschauer werden gebeten, bei dem Rechenexperiment zu assistieren. Auf dem zweiten Zettel notiert jetzt der Künstler eine vierstellige Zahl. Unter die so notierten Ziffern soll jetzt der eine Zuschauer eine Zahl schreiben, die ebenfalls bis zu vier Stellen haben darf. Die nächste Zahl schreibt wieder der Vorführende. Der zweite Zuschauer wird jetzt gebeten, ebenfalls eine Zahl aufzuschreiben. Die letzte Zahl für die Rechnung schreibt dann wieder der Vorführende. Einer der beiden Mitwirkenden wird aufgefordert, sämtliche Zahlen zu addieren. Der Künstler lässt dann das vorher niedergeschriebene Ergebnis laut vorlesen. Die Summe lautet 26 485. Für die Zuschauer ist dieses Experiment völlig rätselhaft. Der Trick kann sofort wiederholt werden, wobei das Ergebnis ein anderes sein wird.

Ausführung: Der Rechenkünstler hat als erste Zahl den Wert

	6 487	geschrieben
angenommene Zahl des ersten Zuschauers	4 681	
Ergänzung des Vorführenden	5 318	
angenommene Zahl des zweiten Zuschauers	8 654	
Ergänzung des Vorführenden	+ 1 345	
	26 485	

Damit man das Ergebnis im voraus bestimmen kann, wird von der Endzahl der ersten Summe in unserem Beispiel von der Ziffer 7 der Wert 2 abgezogen. Das Ergebnis ist 5. Die abgezogene Ziffer 2 wird bei der Voraussage vorn angeschrieben, so dass sich also die fünfstellige Zahl 26 485 ergibt. Auf dem zweiten Zettel muss man wie in unserem Beispiel nur eine vierstellige Zahl schreiben. In unserem Fall 6487. Im Verlauf des Rechenexperimentes hat man dann nichts anderes zu tun, als die einzelnen Zahlen der Zuschauer jeweils auf 9 zu ergänzen. Das Experiment kann wiederholt werden, da sich jede andere beliebige vierstellige Zahl verwenden lässt.

DER ENTFESSELUNGSKÜNSTLER

Zubehör: 1 Schnur oder 1 Band, Länge 10 m

Trickbeschreibung: Unterhaltsam und rätselhaft ist immer ein Entfesselungskunststück. Hierzu legt der Zauberkünstler ein Band doppelt zusammen, nimmt das Ende, das die Schlinge bildet und führt sie durch ein Knopfloch seiner Jacke. Durch diese Schlinge werden noch die beiden losen Enden des Bandes durchgezogen und einem Zuschauer mit der Bitte in die Hand gegeben, die Enden festzuhalten. Der Künstler geht dann aus dem Zimmer und befreit sich hinter der Tür von der Fessel.

Ausführung: Die Entfesselung geht so vor sich: Man zieht die Schlinge mit beiden Händen so weit auseinander, dass man hindurchsteigen kann. Dadurch wird der Knoten gelöst und die Überraschung ist sehr groß, wenn der Trick schnell vor sich geht. Selbstverständlich darf die Tür, hinter die der Künstler zur Befreiung tritt, kein Glasfenster besitzen.

RÄTSELHAFTE ENTFESSELUNG

Zubehör: 2 weiße Schnüre von je 1 m Länge

Trickbeschreibung: 2 weiße Schnüre von je 1 m Länge werden vom Vorführenden vorgezeigt. Zwei Zuschauer werden um Mithilfe gebeten. Aus dem Publikum lässt sich der Künstler Ringe, Schlüsselbund, Taschenuhren usw. reichen. Die beiden Assistenten müssen die Enden der Schnur halten. Von diesen werden auch die gereichten Gegenstände auf die Schnur gefädelt. Der Vorführende ergreift dann je ein Schnurende

und macht über die Ringe und sonstigen Gegenstände einen Knoten. Die Enden der Schnüre erhalten die Assistenten zurück. Die so gefesselten Gegenstände kommen nun in einen bereitgestellten Hut oder sonstigen Behälter. Der Zauberer greift kurz an die Schnüre und befreit alle Gegenstände.

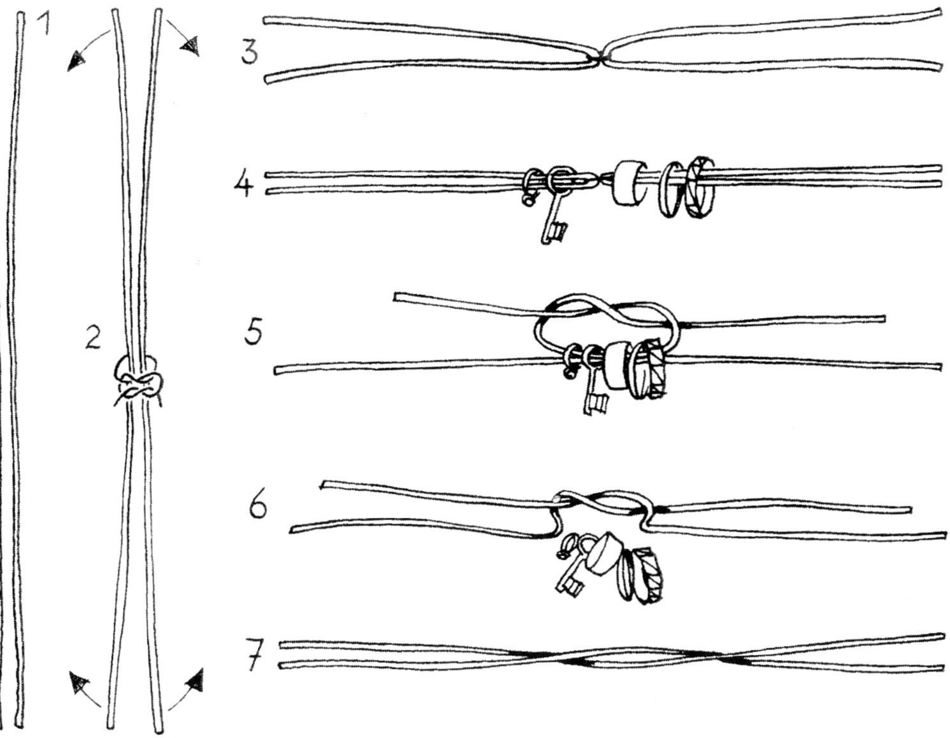

Ausführung: Zwei gleich lange Schnüre werden verwendet. Eine kleine Präparation ist erforderlich. Die Mitte der beiden Schnüre wird mit einem feinen weißen Faden zusammengeknotet. Wenn man dem Zuschauer die Schnur reicht, ist zu beachten, dass jeweils ein Assistent beide Enden derselben Schnur in die Hand bekommt. Damit die Verbindung der beiden Schnüre nicht entdeckt wird, steckt man zu Beginn des Tricks selbst einen breiten Ring darauf. Dieser Ring verdeckt die Präparation. Die übrigen Gegenstände kann man von den beiden Assistenten auf die Schnüre fädeln lassen. Mit dem Knoten, der am Schluss über die aufgefädelten Gegenstände geschlagen wird, werden die Schnurenden ausgetauscht. Die Gegenstände hängen also nur noch an dem dünnen Faden der Präparation. Ein Ruck genügt, der Faden zerreißt, und die Gegenstände sind frei. Die beiden Assistenten halten am Schluss je ein Ende beider Schnüre in der Hand. Bei geschickter Vorführung ist dieser Trick äußerst wirkungsvoll, und er kann auch dann vorgeführt werden, wenn man von Zuschauern umringt ist.

UNGLAUBLICH

Zubehör: 2 Bänder je 2,5 m lang, 2 cm breit, 1 Stecknadel, einige Schlüssel, 1 Jacke

Trickbeschreibung: Zwei nebeneinanderliegende Bänder hält der Magier in seiner Hand. Er bittet zwei Zuschauer, ihm zu assistieren. Der Vorführende zieht über die Bänder einige Schlüssel. Einer der Zuschauer wird gebeten, seine Jacke auszuziehen.

Das Doppelband mit den aufgezogenen Schlüsseln wird von innen her nach außen durch die beiden Ärmel der Jacke gezogen.

Jeder der Helfer bekommt ein Bandende zum Halten. Mit den Enden des zweiten Bandes schlägt der Vorführende einen Knoten über die Ärmel (siehe Abbildung).

Die Schlüssel sind dadurch vollkommen gefesselt.

Der Magier greift nun unter die Jacke, spricht „sim sala bim", und die Jacke fällt zu Boden.

Die Bänder sind unversehrt, und die Schlüssel befinden sich befreit in den Händen des Zauberkünstlers.

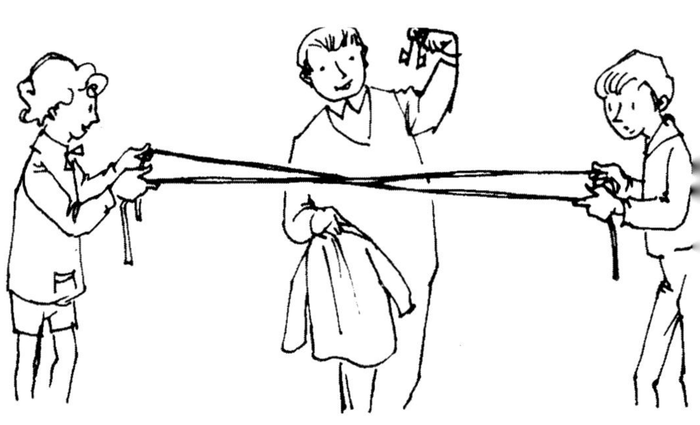

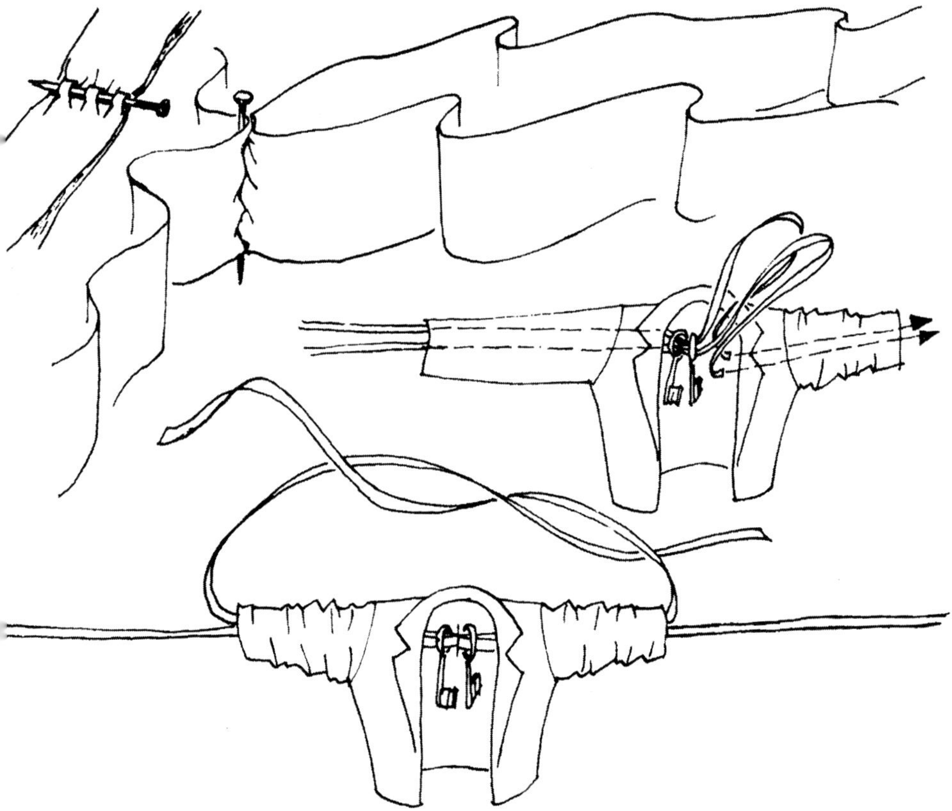

Ausführung: Die beiden Bänder wurden vor der Vorführung, wie es die Zeichnung zeigt, in der Mitte mit einer Stecknadel zusammengeheftet. Um die Präparation vollkommen zu machen, werden die überstehenden Enden der Nadel an den Bandrändern abgekniffen. Beim Aufnehmen des Bandes wird die präparierte Stelle mit der Hand verdeckt. Die Assistenten bekommen also jeweils beide Enden des gleichen Bandes zum Halten. Beim Aufziehen der Schlüssel bleibt eine Hand schützend über der Bandpräparation. Die Bandenden führt man durch die Jacke, nimmt je ein Bandende der Assistenten und bildet einen Knoten über der Jacke. Zur Befreiung der Schlüssel und der Jacke wird unter dem Schutz derselben die Stecknadel entfernt. Jacke und Schlüssel werden frei und die Bänder sind unversehrt.

GROSSES TUCHFÄRBEN

Zubehör: 4 Seidentücher, Größe 25 x 25 cm
(1 Stück weiß, 1 Stück rot und 2 Stück blau),
1 kleines Kartonrohr, 1 bunter Karton (bemalt oder beklebt), 1 Zauberstab

Trickbeschreibung: Ein Bogen von buntem Karton und ein Seidentuch werden vorgezeigt. Nachdem der Karton zusammengerollt wurde, erscheint aus demselben das hineingegebene Seidentuch jeweils in einer anderen Farbe.

Ausführung: Aus Pappe wird eine Röhre angefertigt von etwa 4 cm Durchmesser und 6 cm Länge. In diese Röhre wird zuerst ein blaues und dann ein weißes und ein rotes Seidentuch gesteckt. Die Seidentücher müssen von gleicher Größe sein. So präpariert legt man die Röhre unter eine Ecke des übrigen blauen Tuches. Der Kartonbogen muss eine Größe von etwa 14 x 20 cm haben. Man zeigt den Bogen von beiden Seiten vor und formt eine Röhre, die mit der Öffnung nach oben in einer Hand gehalten wird. Die andere Hand ergreift nun das blaue Tuch und dabei die unter dem Tucheck verborgene Röhre. Unter dem Schutz des Tuches wird die präparierte Röhre in den Kartonzylinder gegeben und das blaue Tuch nachgeschoben. Mit dem Zauberstab schiebt man das

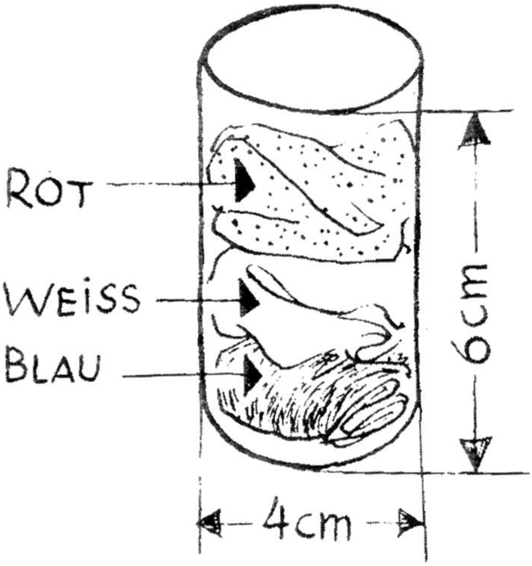

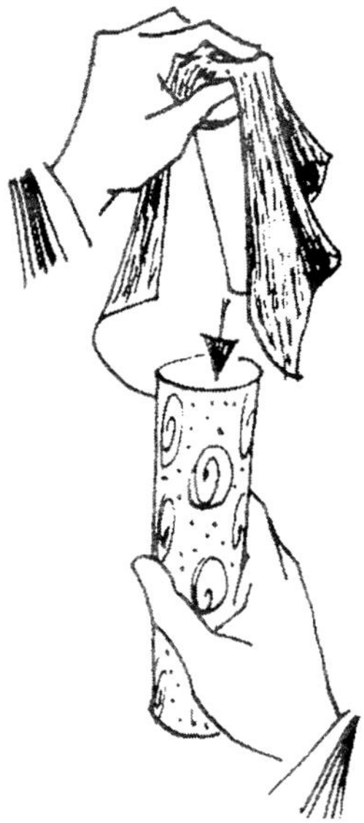

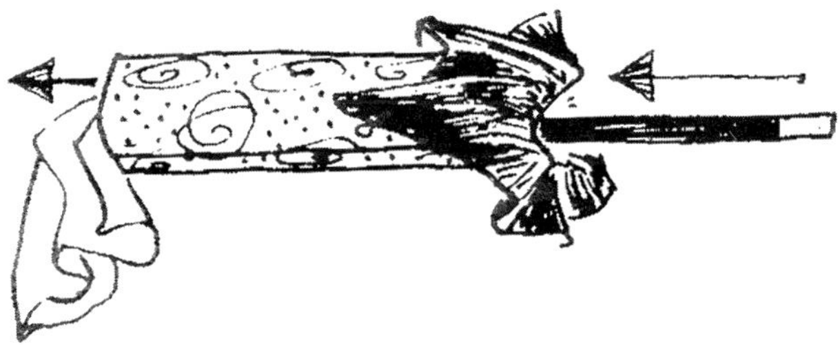

Tuch scheinbar durch den Kartonzylinder, wo es am anderen Ende der Kartonröhre erscheint. Es wird nun auf der anderen Seite wieder in den Zylinder hineingeschoben. So erscheint das weiße Tuch. Auf die gleiche Weise wird nun auch das rote Tuch herausgeschoben. Man lässt es so nach vorn über den Kartonzylinder fallen, dass man die Röhre, in der sich die anderen Tücher befinden, unbemerkt hervorziehen kann. Tuch und Rohr werden abgelegt. Dann rollt man den bunten Karton auseinander und zeigt ihn leer vor.

Ein Band wird zerschnitten

Zubehör: 1 Seidenband, Länge 1 m, Breite etwa 4 cm,
1 Seidenband, Länge 18 cm, 1 Briefumschlag (220 x 110 mm)

Trickbeschreibung: Der Magier zeigt einen Briefumschlag vor, durch den er ein Seidenband gezogen hat. Er faltet den Briefumschlag zusammen und schneidet ihn an der Bruchstelle durch. Die Enden des ebenfalls durchgeschnittenen Seidenbandes werden ein wenig aus dem Umschlag hervorgezogen. Man sieht deutlich, dass das Band zerschnitten wurde. Dann zieht der Vorführende das Band an einem Ende aus dem Umschlag, wobei sich herausstellt, dass die Schnittstellen inzwischen wieder ganz geworden sind.

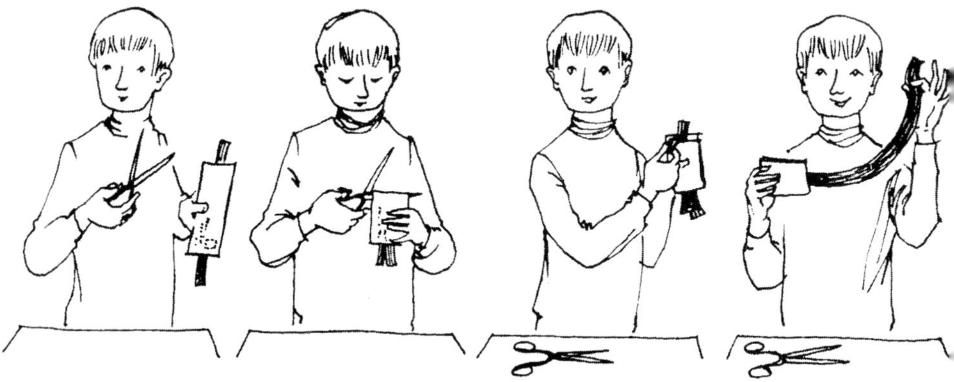

Ausführung: An einem Briefumschlag werden die beiden Schmalseiten abgeschnitten. An der Rückseite des Umschlages wird ein etwa 3 cm breiter Streifen herausgeschnitten. Das lange und das kurze Band werden in die so entstandene Umschlaghülse eingelegt. Der Umschlag wird in der Mitte gefaltet, wobei die Enden des langen Bandes strammgezogen werden. Mit der Schere schneidet man den Umschlag an der Faltstelle, und damit das eingelegte kurze Band, durch. Deutlich sind die zer-

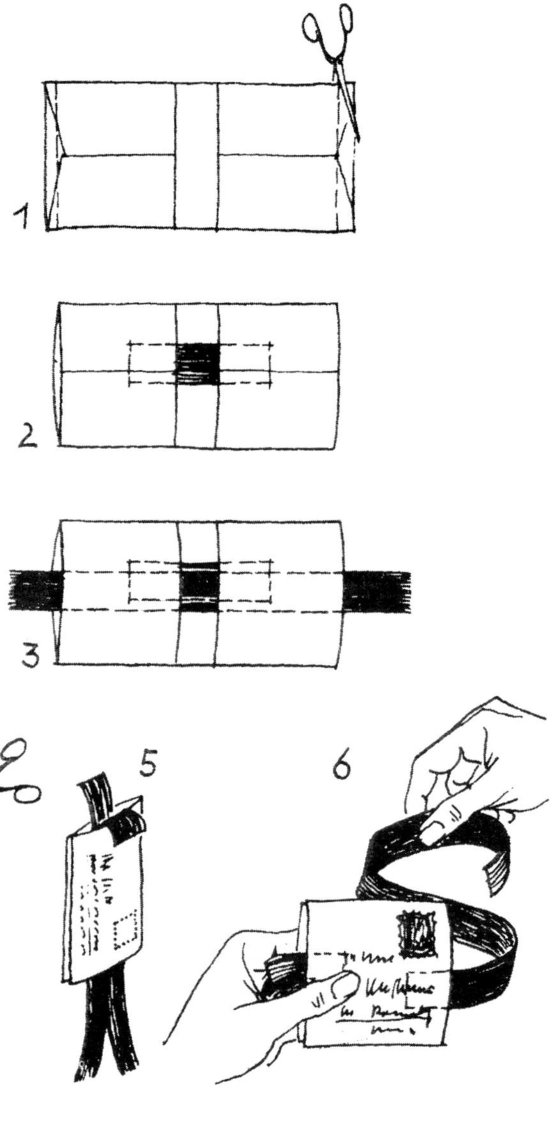

schnittenen Bandenden zu sehen. Die rechte Hand überdeckt die aus dem Umschlag ragenden kurzen Bandenden. Die linke Hand zieht das lange Band an einem Ende aus dem Umschlag. Mit der rechten Hand werden der Umschlag und die darin befindlichen kurzen Bandenden zusammengeknüllt und abgelegt. Das lange Band ist an der Schnittstelle unversehrt.

FARBKUGEL-WUNDER

Zubehör: 2 durchsichtige Kunststoffgläser, Höhe ca. 90 mm

Trickbeschreibung: Auf einem Tablett des Magiers stehen zwei durchsichtige Becher. In einem dieser Becher befinden sich rote und im anderen Becher weiße Kugeln. Die so sichtbaren Kugeln verschiedener Farbe schüttet der Magier in einen Becher zusammen. Durch kräftiges Schütteln werden die Farbkugeln untereinander gemischt. Dann zeigt der Vorführende einen Paravent (Faltkarton) und stellt diesen vor die beiden Gläser. Für einen kurzen Augenblick verschwinden die Hände des Magiers hinter dem Paravent, und dann legt er ihn auf die Seite. Die Zuschauer staunen, dass die Farbkugeln säuberlich voneinander getrennt sich wieder in ihren Gläsern befinden.

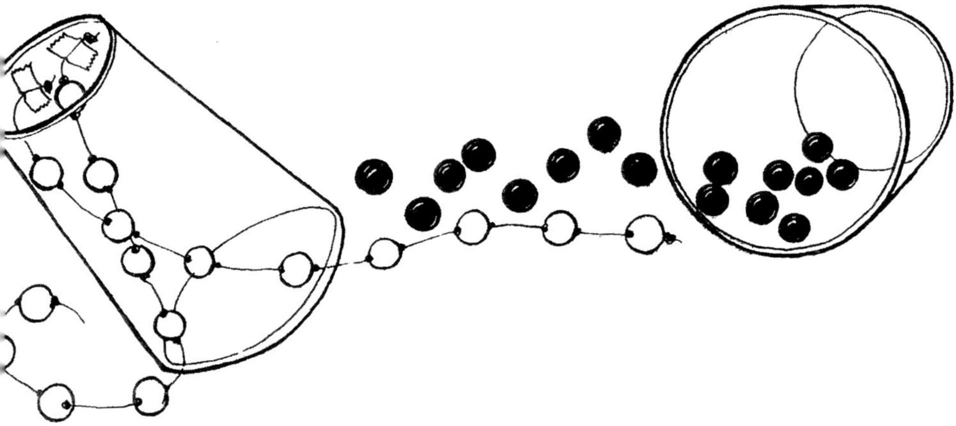

Ausführung: Einer der glasklaren Kunststoffbecher ist präpariert. Auf 2 dünnen Perlonfäden werden je 8 weiße Wattekugeln aufgefädelt und in Abständen von 15 mm verknotet. Mit einem Stück Tesafilm werden die beiden Kugelketten im Glasboden angeklebt. Die genaue Präparation zeigt die Zeichnung. Weitere 16 Wattekugeln werden mit Tusche oder Wasserfarbe rot eingefärbt und kommen nach dem Trocknen unpräpariert in das zweite Glas. Zum Mischen der Wattekugeln werden immer die unpräparierten roten Kugeln in das Glas, in dem die weißen Kugeln befestigt sind, geschüttet. Unter Deckung des Paravents werden die Kugeln durch Umschütten wieder getrennt, was ohne Schwierigkeiten und schnell vonstatten geht, da ja die weißen Kugeln im Glas befestigt sind. Für den Fall, dass man die Gläser untersuchen lassen will, werden die Kugeln in einen bereitgestellten Behälter umgefüllt. Die weißen aufgefädelten Kugeln werden zu diesem Zweck unter Deckung der Hand vom Glasboden mit dem Klebstreifen abgezogen.

BILD ODER ZAHL

Zubehör: *1 Kartenspiel (französisches Skatblatt), 1 Tuch als Augenbinde*

Trickbeschreibung: Dieser Zaubertrick ist besonders dazu geeignet, eine kleine Tischgesellschaft zu verblüffen. Der Vorführende erklärt, er verfüge über ein besonders feines Tastgefühl. Er lässt sich die Augen verbinden. Durch leichtes Abtasten der vor die Stirn gehaltenen Karten unterteilt der Vorführende eine Karte nach der anderen in ihre Kategorie Bild oder Zahl.

Ausführung: Während man sich die Augen verbinden lässt, gibt man ein unpräpariertes Skatspiel zum Mischen. Sobald man das Spiel zurückerhalten hat, hält man es in der linken Hand zwischen Daumen und Zeigefinger mit der Bildseite nach vorn vor die Stirn. Die Fingerspitzen der rechten Hand gleiten nunmehr tastend über die Karten-Bildseite. Dann nennt man mehrere Male hintereinander die obenaufliegende Karte nach Bild oder Zahl.
In der Tischrunde sitzt ein eingeweihter Helfer, der dem Vorführenden durch Berühren der Fußspitze ein Zeichen gibt, wenn die vorn liegende Karte ein Bild ist. So ist man in der Lage, praktisch das ganze Spiel nach Bildern und Zahlen zu sortieren. Die genannte Karte wird jedesmal abgelegt. Zu den Bildern zählt man: Bube, Dame, König, As und zu den Karten mit Zahlen: 7, 8, 9, 10.

KARTEN-BLINDKUNSTSTÜCK

Zubehör: 1 normales Skatspiel, 1 schwarze Augenbinde

Trickbeschreibung: Unerklärlich und sensationell ist folgendes Kartenexperiment. Der Vorführende lässt sich die Augen mit einem schwarzen Tuch verbinden. Gleichzeitig wird von einem Zuschauer das Kartenspiel durchgemischt. Nach mehrmaligem Abheben erhält der Zauberkünstler das Spiel zurück. Er nimmt es in die linke Hand. Mit der rechten Hand zieht er eine Karte ab, hält sie weit von sich und nennt Wert und Farbe der Karte. Das wird mehrere Male wiederholt.

Ausführung: Man lässt sich mit einem bereitgehaltenen Tuch die Augen verbinden. Dabei ist zu beachten, dass die untere Kante des Tuches beim Anlegen mit der Nasenspitze abschließt. Zwischen Nasenspitze und Wange ergibt sich somit ein kleines Blickfeld. Hebt man jetzt unmerklich den Kopf, so findet sich leicht die Stellung, die es ermöglicht, unter der Augenbinde hervorzuschauen, ohne dass es vom Publikum bemerkt wird. Der linke Arm wird etwas angewinkelt am Körper gehalten. Die linke Hand hält das Kartenpäckchen mit der Bildseite den Zuschauern zugekehrt. Das Spiel ist leicht nach innen gedreht. Gleichzeitig wird das Kartenspiel etwas durchgebogen. In der Eigenart des Skatspieles liegt es, das sich an jeder Kartenecke Farbe und Wertangabe befinden. Das Spiel muss so gehalten werden, dass die Ecken der Spielkarten in den Blickwinkel des Vorführenden (trotz der verbundenen Augen) fallen. Wichtig ist noch, dass die Karte erst genannt wird, wenn sie weit vorgestreckt gezeigt wird.

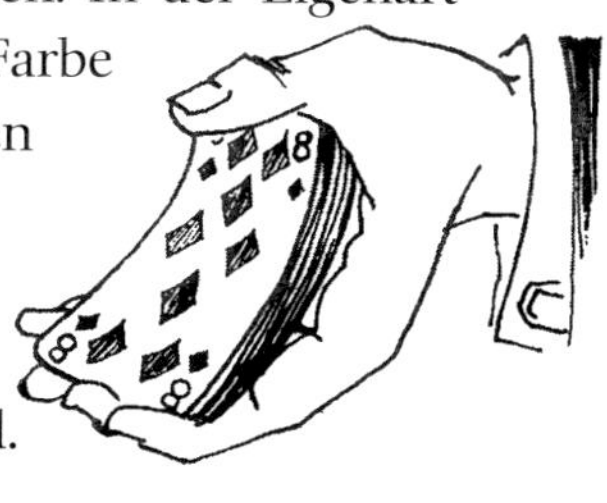

DER 4-BUBEN-TRICK

Zubehör: 1 Kartenspiel (französisches Skatblatt)

Trickbeschreibung: Aus dem Kartenspiel werden vom Zauberkünstler die vier Buben aussortiert und übereinander gestaffelt vorgezeigt. Aus der so vorgezeigten Bubenpyramide wird ein Päckchen gebildet, das verdeckt auf die Karten des übrigen Spieles gelegt wird. Der Vorführende zieht einzeln die oberen drei Karten ab und schiebt sie vereinzelt in das Spiel zurück. Ein kleiner Zauberspruch ... die vier oberen Karten werden aufgeblättert, und die eben verteilten Buben-Karten sind wieder beieinander.

Ausführung: Aus dem Kartenspiel werden die vier Buben aussortiert. Die Karten werden so übereinander gestaffelt gehalten, dass von drei Buben jeweils nur die Hälfte zu sehen ist (siehe Abbildung). Heimlich werden jedoch drei weitere Karten dem Spiel entnommen, die man verdeckt hinter den vier Buben aufbewahrt. Aus der vorgezeigten Buben-Pyramide wird jetzt ein Päckchen gebildet, das man verdeckt auf die Karten des übrigen Spieles legt.

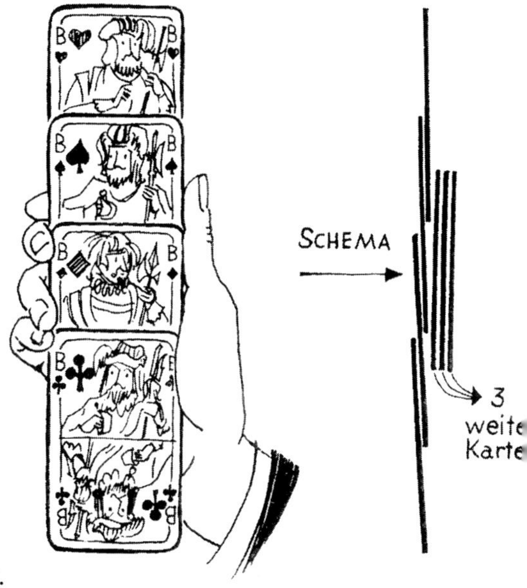

Es wird nun erklärt, dass die vier beieinanderliegenden Buben auseinandergebracht werden sollen. Deshalb zieht man hintereinander die obersten drei Karten ab und steckt sie vereinzelt, jeweils an verschiedenen Stellen, ins Spiel zurück. Man zieht dann die obersten vier Karten ab und legt sie verdeckt auf den Tisch. Diese Karten werden aufgedeckt, und für die Zuschauer haben sich auf unerklärliche Weise die vier Buben wieder vereinigt. Die Zuschauer wissen ja nicht, dass die vorher abgezogenen drei Karten Zusatzkarten und nicht die Buben waren.

WELCHE KARTE WURDE UMGEDREHT?

Zubehör: 1 Kartenspiel

Trickbeschreibung: Vier Bildkarten eines Skatspieles liegen mit der Bildseite nach oben nebeneinander auf dem Tisch. Der Vorführende erklärt nun, dass er den Raum verlassen werde. Ein Zuschauer soll während der Abwesenheit des Künstlers eine oder mehrere Karten einmal umdrehen, dabei aber die Bildseite oben belassen. Sofort nach seiner Rückkehr nennt der Künstler die Karten, die umgedreht wurden.

Ausführung: In jedem Spiel finden sich Karten, deren Ränder an der Schmalseite ungleich breit sind (siehe Abbildung). Diese Unregelmäßigkeit ist auf die Fabrikation der Spielkarten zurückzuführen. Man wählt vier derartige Karten aus und legt sie so nebeneinander, dass der breitere Rand bei allen Karten gleich liegt. Wird nun eine Karte umgedreht, so erkennt man dies an der anderen Lage des Randes.

SCHWEBENDE WEINGLÄSER

Zubehör: Weingläser, Streichhölzer

Trickbeschreibung: Vom Vorführenden werden ein oder auch mehrere Weingläser zu drei Viertel gefüllt und unter magischer Beschwörung an der Tischkante schräggestellt. Zum größten Erstaunen der Zuschauer bleiben die Gläser in ihrer schrägen Balancestellung stehen.

Ausführung: Vor Beginn der Zauberei werden unter das Tischtuch ein oder mehrere Streichhölzer gelegt. Die zu drei Viertel gefüllten Weingläser werden mit der unteren Fußkante schräg gegen das Streichholz gestellt.
Nach etwas Übung findet man leicht und schnell die Stellung, mit der man jedes Weinglas einbalancieren kann. Sehr lustig ist dieser Trick, wenn man ihn nicht während einer Zaubervorstellung, sondern bei passender Gelegenheit bei Tisch vorführt. Man muss nur, von den anderen unbemerkt, ein Streichholz unter die Tischdecke schieben.

RÄTSELHAFTES TASCHENTUCH

Zubehör: 1 Taschen- oder Seidentuch

Trickbeschreibung: Mit einem einfachen Taschentuch führt der Zauberkünstler ein Experiment vor, bei dem das Tuch durch abwechselndes Drehen und Ziehen immer länger wird.

Ausführung: Man nimmt das Tuch (siehe Abbildung) so in beide Hände, dass die linke Hand nur die Ecke 3 hält, während Ecke 1 zwischen Mittelfinger und Zeigefinger und Ecke 2 zwischen Zeigefinger und Daumen der rechten Hand genommen werden. Dann versetzt man das Tuch mit der rechten Hand in schleudernde Bewegung im Uhrzeigersinn. Ecke 1 zwischen Mittelfinger und Zeigefinger wird losgelassen, wobei das Tuch langsam in die Länge gezogen wird.

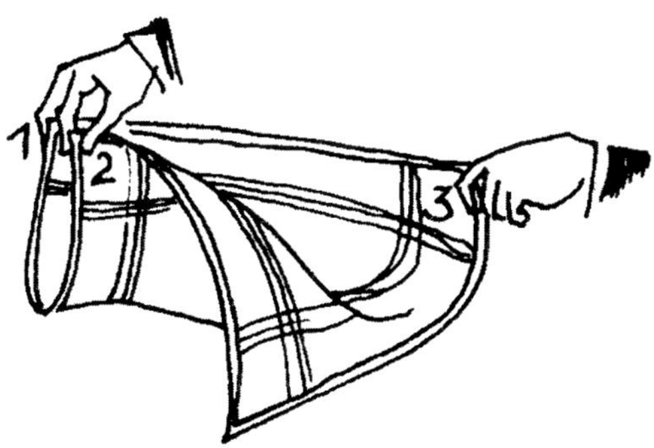

DIE VERHEXTEN WÜRFEL

Zubehör: 3 Spielwürfel

Trickbeschreibung: Der Magier gibt seinen Zuschauern drei Würfel und erklärt, dass sie völlig unpräpariert seien. Ein Zuschauer wird gebeten, einen Wurf zu machen. Der gewürfelte Wert ist zu verdoppeln und die Zahl 5 hinzuzuzählen. Das sich hierbei ergebende Resultat wird mit 5 multipliziert. Mit dem 2. Würfel wird von einem weiteren Zuschauer ebenfalls ein Wurf ausgeführt. Die Augenzahl des Wurfes zählt der erste Zuschauer zu seinem bisherigen Gesamtergebnis. Der Künstler bittet jetzt den Zuschauer, an das Ergebnis noch eine O anzuhängen. Ein dritter Zuschauer würfelt mit dem letzten Würfel. Die sich hierbei ergebende Augenzahl zählt der erste Zuschauer wiederum zu seinem bisherigen Ergebnis dazu. Der Künstler lässt sich dann die Gesamtsumme sagen und nennt hierauf sofort jedem Zuschauer seine gewürfelte Augenzahl. Bei guter Einübung und flotter Vorführung verfehlt dieses Zahlenexperiment seine Wirkung nicht.
Die verwendeten Würfel sind unpräpariert. Das Geheimnis liegt darin, dass jeweils die gegenüberliegenden Seiten der Würfel zusammengezählt 7 Augen ergeben. Wenn beispielsweise 4 gewürfelt wird, so befinden sich unten 3 Augen (4+3=7). Wenn der erste Zuschauer die Rechnung wie vorgeschrieben durchgeführt hat und das Gesamtergebnis bekannt ist, zieht man in Gedanken 250 ab. Die erste Ziffer des Resultates ergibt somit den Würfelwert, den der erste Zuschauer geworfen hat. Die mittlere Zahl ist der Wert des zweiten Zuschauers und die letzte Ziffer gibt den Wert des dritten Wurfes. Die Vorführung selbst ist einfacher, als es sich in der Beschreibung liest. Hier ein Beispiel:
Der erste Zuschauer würfelt den Wert 4. Dieser Wert verdoppelt ergibt 8; 8+5=13; 13x5=65. Der zweite Zuschauer würfelt eine 6. Diese Zahl wird zum ersten Ergebnis zugezählt, also 65+6=71. An diese Zahl ist nun eine O anzuhängen und ergibt 710. Der dritte Zuschauer würfelt 3. Dieser Wert wird zu dem vorherigen Ergebnis gezählt, also 710+3=713. Von diesem Ergebnis, das der Zuschauer nennt, wird 250 abgezogen. In diesem Fall 713–250=463. Dieses Resultat ergibt die Reihenfolge, in der die Zahlen gewürfelt worden sind: 1. Zuschauer 4,
2. Zuschauer 6,
3. Zuschauer 3.

BECHER-KUNSTSTÜCK

Zubehör: 3 Plastikbecher, 4 Korkscheiben

Trickbeschreibung: Drei Plastikbecher werden den Zuschauern gezeigt. Der Vorführende kippt die ineinandergesetzten Becher um, worauf drei Korkscheiben sichtbar werden. Der Zauberkünstler legt einen Korken auf den Boden eines der umgestülpten Becher. Ein zweiter Becher wird darübergesetzt, worauf der Korken scheinbar den massiven Boden des unteren Bechers durchdringt. Dieses Spiel wiederholt sich, bis alle drei Korken unter einem Becher vereint sind.

Ausführung: Dieser Zaubertrick ist eine der schönsten und wirkungsvollsten Darbietungen, und man benötigt zu der Ausführung so gut wie keine Fingerfertigkeit.

Zunächst fertigt man vier Korkscheiben an. Hierzu werden zweckmäßigerweise Flaschenkorken mit etwa 20 mm Durchmesser genommen. Von diesen werden dann vier Scheiben mit etwa 6 mm Stärke abgeschnitten. Der Haupttrick liegt darin, dass für den Zuschauer immer nur drei Korkscheiben in Erscheinung treten.

Vom Vorhandensein einer vierten Korkscheibe wissen die Zuschauer nichts. Die Abbildungen zeigen den ganzen Trickablauf.

Die Grundstellung ist folgende:

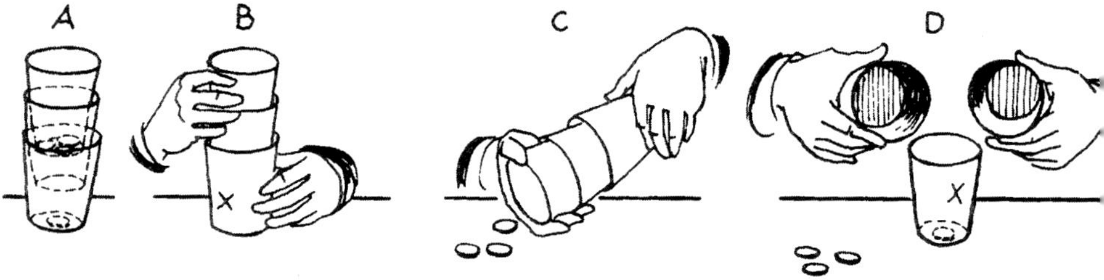

Alle drei Becher sind ineinandergestülpt, Öffnung nach oben. Im untersten Becher befindet sich eine Korkscheibe, im obersten Becher drei Korkscheiben. Der Einfachheit halber wird jeweils der Becher, in dem sich die vierte Scheibe befindet, als X-Becher bezeichnet (Abb. A). Beide Hände halten die Becher wie Abbildung B zeigt. Die rechte Hand kippt die Korken auf den Tisch (Abb. C). Der oberste Becher wird abgezogen, und so sehen die Zuschauer zwei leere Becher (Abb. D). Der erste Becher wird mit der Öffnung nach unten auf den Tisch gestellt, dann folgt der X-Becher und schließlich der dritte. Die drei Korkscheiben werden vor die Becher geschoben (Abb. E). Ein Korken wird auf den Boden des X-Bechers gelegt. Der rechts neben dem X-Becher befindliche dritte Becher wird über den X-Becher gestülpt und beide Becher zusammen aufgenommen (Abb. F–G).

Scheinbar hat nun der Korken den Becherboden durchdrungen. Der Innenraum des obersten Bechers wird leer gezeigt (Abb. H). X-Becher mit der rechten Hand abziehen und über den auf dem Tisch liegenden Korken stülpen. Es befinden sich nun bereits zwei Korken unter dem Becher, während die Zuschauer nur einen Korken unter dem Becher vermuten. Der zweite Korken wird auf den Becherboden gelegt und wieder

ein Becher nach freier Wahl darübergestülpt (Abb. I–J). Die rechte Hand hebt beide Becher hoch, und zum Erstaunen der Zuschauer hat scheinbar wieder der Korken den Becherboden durchdrungen. In der gleichen

Weise wie zuvor beschrieben, wird jetzt der X-Becher über beide Korken gestülpt (Abb. K) und schließlich auch noch der dritte Korken in der vorbeschriebenen Weise durch den Becherboden gezaubert (Abb. L–M). Für den Fall, dass die Becher zum Untersuchen gereicht werden, nimmt man sie kurz nach hinten über die Tischkante, zieht den X-Becher ab und lässt den vierten Korken hinter der Tischkante nach unten fallen. Es ist zu beachten, dass das Abziehen des Bechers und Kippen direkt über der Tischkantenhöhe erfolgt.

Am wirkungsvollsten kann man diesen Trick vorführen, wenn man sich dazu an einen Tisch setzt. Der Korken fällt dann in den Schoß. Es ist aber nicht erforderlich, alle Becher untersuchen zu lassen. Wer keine normalen großen Plastikbecher verwenden will, kann auch kleine Becher nehmen, wie sie beispielsweise als Messbecher bei Arzneimittelflaschen Verwendung finden. Entsprechend der Bechergröße sind dann die Korken kleiner gehalten. Bewährt hat sich hierbei eine Korkengröße von etwa 12–14 mm Durchmesser und 3–4 mm Stärke.

SUGGESTION

Zubehör: 1 Tafel, 1 Stück Kreide, 3 Zettel, 1 Bleistift

Trickbeschreibung: Auf eine bereitgestellte Tafel schreibt der Vorführende drei zweistellige Zahlen. Ein Zuschauer wird gebeten, sich eine der Zahlen zu merken. Der Zauberkünstler nimmt dann einen Notizblock und schreibt eine Zahl auf. Er reißt das Blatt ab und steckt es zusammengefaltet in die Tasche seiner Jacke. Der Magier bittet anschließend den Zuschauer, die Zahl auf der Tafel durchzustreichen, die er sich gemerkt hat. Nachdem das geschehen ist, zieht der Magier den vorher beschriebenen Zettel aus der Tasche. Auf dem Zettel steht zum großen Erstaunen aller Anwesenden die gedachte und durchgekreuzte Zahl. Der Zauberkünstler wusste also im voraus, welche Zahl der Zuschauer wählen wird.

Ausführung: Das Geheimnis dieses wirkungsvollen Experimentes ist einfach. In der rechten Jackentasche hat man bereits zwei präparierte Zettel versteckt. Jeder trägt eine Zahl, die später auf die Tafel geschrieben wird. Die dritte Zahl schreibt man bei der Vorführung auf, und diesen Zettel steckt man zu den bereits vorhandenen in die Tasche. Der Zettel mit der niedrigen Zahl kommt in die vordere, der mit der höheren Zahl in die hintere Taschenecke. Der bei der Vorführung beschriebene Zettel wird in die Mitte der Tasche gelegt. So braucht man bei der Vorführung nur noch den richtigen Zettel herauszuziehen, der zu der Zahl passt, die der Zuschauer wählte.

KARTENTELEPATHIE

Zubehör: 1 Kartenspiel

Trickbeschreibung: Der Vorführende legt zwei Karten-Häufchen mit einer verschiedenen Anzahl von Karten auf den Tisch. Die Zuschauer sollen ein Päckchen bestimmen, und der Magier erklärt, dass er bereits im voraus wisse, welches Päckchen gewählt wird. Zum Beweis schreibt er etwas auf einen Zettel und gibt ihn zusammengefaltet einem Zuschauer. Sobald das gewählte Päckchen umgedreht wurde, wird die Anzahl der Karten nachgezählt. Es sind genau zehn. Dann wird die Zahl auf dem Zettel bekanntgegeben, es ist 10.

Ausführung: Bevor dieses Kunststück vorgeführt wird, hat man die vier Zehner-Karten herausgesucht und zuoberst auf das Kartenpäckchen gelegt. Vor den Zuschauern bildet man das Zehner-Häufchen aus den vier oben liegenden Zehner-Karten. Für das zweite Häufchen werden die nächstfolgenden x-beliebigen zehn Karten dem Spiel entnommen. Auf dem Tisch liegen nun zwei Päckchen. Eines mit vier Karten und eines mit zehn Karten. Auf den Zettel schreibt man nichts anderes als die Zahl 10, legt ihn zusammen und gibt ihn so demjenigen, der das Päckchen wählen soll. Der Zuschauer kann wählen wie er will. Die vorher niedergeschriebene Zahl 10 ist immer richtig. Wird das Paket wie in unserem Beispiel mit den zehn Karten gewählt, so lässt man abzählen und mit der Zahl auf dem Zettel vergleichen. Die vier Karten des anderen Häufchens zählt man verdeckt vor und mischt sie rasch unter die anderen Karten. Wird das Häufchen mit den vier Zehnern gewählt, so zeigt man die vier gleichen Karten vor und lässt ihre Augenzahl mit dem auf dem Zettel stehenden Wert vergleichen. Das andere Häufchen wird fächerartig offen ausgebreitet, um zu beweisen, dass es verschiedene Karten enthält. Dieses Kunststück kann man auch mit den Karten 9, 8 und 7 ausführen. Man sollte es jedoch nie zweimal hintereinander vorführen.

EINE MÜNZE VERSCHWINDET

Zubehör: 1 Taschentuch, 1 Münze, 1 Stückchen Knetmasse

Trickbeschreibung: Der Zauberer breitet ein Taschentuch auf dem Tisch aus und lässt in die Mitte des Tuches eine kleine Geldmünze legen. Die Ecken des Taschentuches schlägt der Vorführende in der Mitte über dem Geldstück zusammen. Nach einem Zauberspruch ergreift der Vorführende das Tuch und zeigt es ausgebreitet vor. Die Münze ist verschwunden.

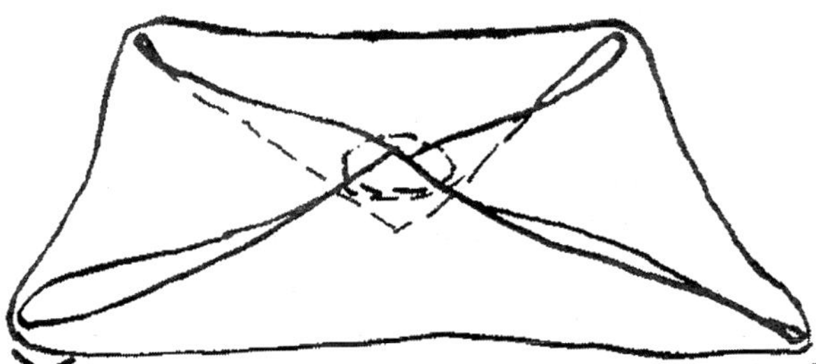

Ausführung: Man klebt an eine Ecke eines Taschentuches ein kleines Klümpchen Knetmasse oder Wachs. Das so vorbereitete Taschentuch breitet man auf dem Tisch aus und bedeckt mit dem Finger die präparierte Ecke. Dann lässt man in die Mitte des Tuches eine Münze legen, führt zuerst die vorbereitete Ecke genau auf das Geldstück und schlägt schließlich die gegenüberliegende Tuchecke und die beiden seitlichen

auf die Münze. Die so eingeschlagenen Ecken werden fest auf die Münze gedrückt. Da bleibt sie am Wachs kleben. So wird das Tuch vorgezeigt. Die beiden Ecken (X) des Tuches werden genommen, und das Tuch wird hochgehoben. Die Ecke mit dem Geldstück hängt dabei dem Körper des Vorführenden zugewandt nach unten (siehe Abbildung). Das Tuch darf nicht gegen das Licht gehalten werden, da die Münze sonst durchscheint. Mit der rechten Hand erfasst man dann den herabhängenden Tuchzipfel mit der Münze. Indem man das Tuch scheinbar ausschüttelt, werden Münze und Wachsklumpen von der rechten Hand zurückbehalten, während die linke Hand das Tuch ergreift, um es den Zuschauern zum Untersuchen zu geben.

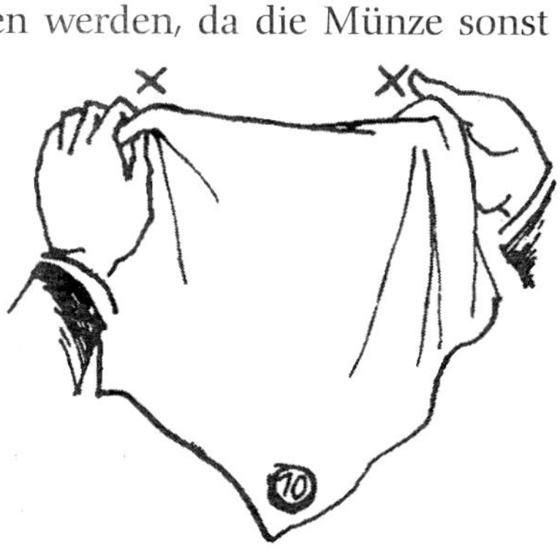

DIE HIMMELSLEITER

Zubehör: Zeitungspapier und Klebstoff

Trickbeschreibung: Dieses kleine Zeitungsexperiment hat vor allem bei Kindern großen Erfolg, aber auch Erwachsene werden ihren Spaß daran haben. Aus einem zusammengerollten Zeitungspapier reißt der Zauberer in der Mitte ein Feld heraus. Die so entstandenen, mit einem schmalen Streifen verbundenen 2 Röhren werden zusammengelegt und abwechselnd auseinandergezogen. Es entsteht ein Gebilde, das wie eine Leiter aussieht.

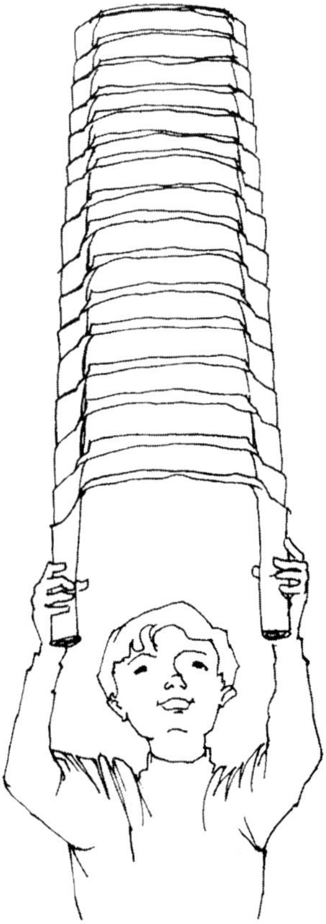

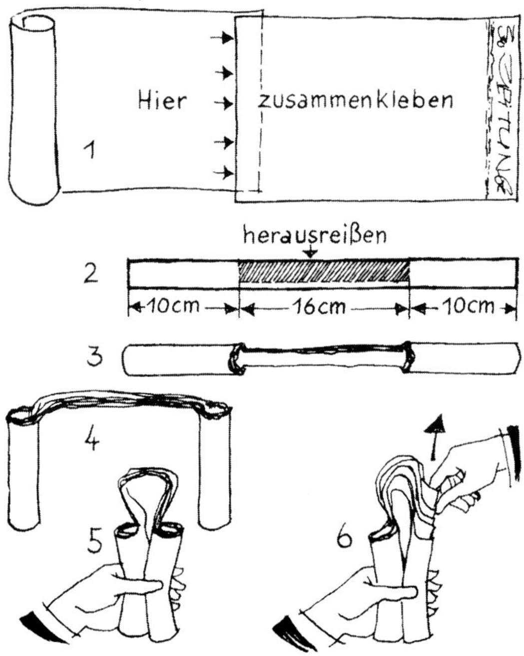

Ausführung: Zwei Zeitungsseiten, je 36 x 52 cm, werden an den Schmalseiten zusammengeklebt. Dieses Zeitungsstück rollt man zusammen. Wie in der Abbildung zu sehen ist, wird ein mittleres Feld von etwa 16 cm Breite herausgerissen. Die weiteren Handgriffe zeigen die Abbildungen.

DAS WUNDER IM ZYLINDERHUT

Zubehör: 1 Zylinderhut, 1 Blumenvase, verschiedene Papierhülsen

Trickbeschreibung: Der Zauberer zeigt einen Hut leer vor und stellt ihn mit der Öffnung nach oben. Dann lässt der Vorführende aus dem Hut mehrere Gegenstände erscheinen. Immer mehr Gegenstände werden hervorgezaubert, die pyramidenförmig aufgestellt werden. Zum Abschluss entnimmt der Zauberkünstler dem Hut sogar noch eine Blumenvase, die so groß ist, dass sie allein bereits den Innenraum des Zylinders ausfüllt.

Ausführung: Der Hut selbst ist unpräpariert und kann deshalb auch von den Zuschauern untersucht werden. Die Füllgegenstände muss man selbstverständlich selbst anfertigen. Zunächst wäre die Blumenvase zu besorgen. Sie soll weitbauchig sein, und eine blumentopfartige Vase ist wohl am geeignetsten. In der Größe muss sie so sein, dass sie über die schmalste Stelle des Zylinderhutes, gemessen mit ihrer längsten Bemessung, gleiten kann.

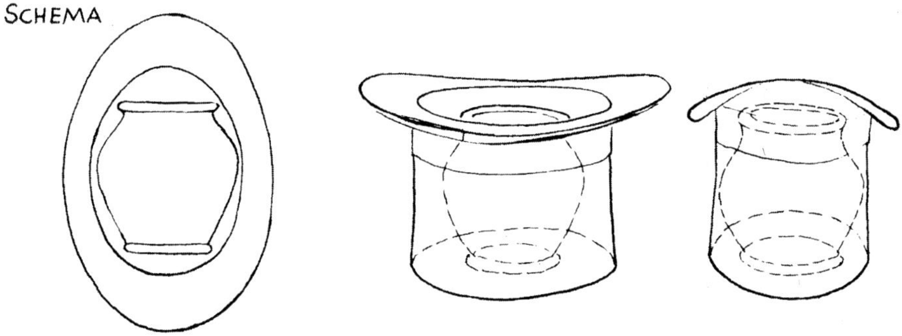

Die Füllgegenstände werden aus buntem Karton angefertigt. Es sind jeweils ineinanderpassende Zylinder- und Papierhüte. Insgesamt benötigt man etwa 15 Papierzylinder und ebensoviele Papierhüte. Je nachdem, was man noch in der Vase unterbringen kann, werden weitere Füllgegenstände, wie kleine Würfel, Stäbchen und Bälle, verwendet.
Den Ablauf des Zauberkunststückes zeigen die Zeichnungen. Die Vase muss so rasch wie möglich in den Hut gesteckt werden. Dabei ist im einzelnen noch folgendes zu beachten: Nach dem Herumreichen des Zylinderhutes stellt man ihn mit der Öffnung nach unten dicht an die hintere Tischkante. Darunter befindet sich auf einem kleinen Hilfsbrettchen oder einer anderen Ablage, für die Zuschauer verdeckt, die gefüllte Blumenvase. Nach dem Ablegen des Hutes streift man seine Ärmel zurück und führt die Griffe, wie in der Abbildung dargestellt, aus. Die linke Hand greift mit den Fingern in die Zylinderhutkrempe, der Daumen

fasst in die Vase, dann zieht man beides nach oben und leicht nach hinten über die Tischkante. Unter Deckung des Hutes wird jetzt bei der Drehung die Vase in den Zylinderhut gestellt. Nachdem man den Hut mit der Öffnung nach oben abgestellt hat, kann man die Füllgegenstände einzeln erscheinen lassen.

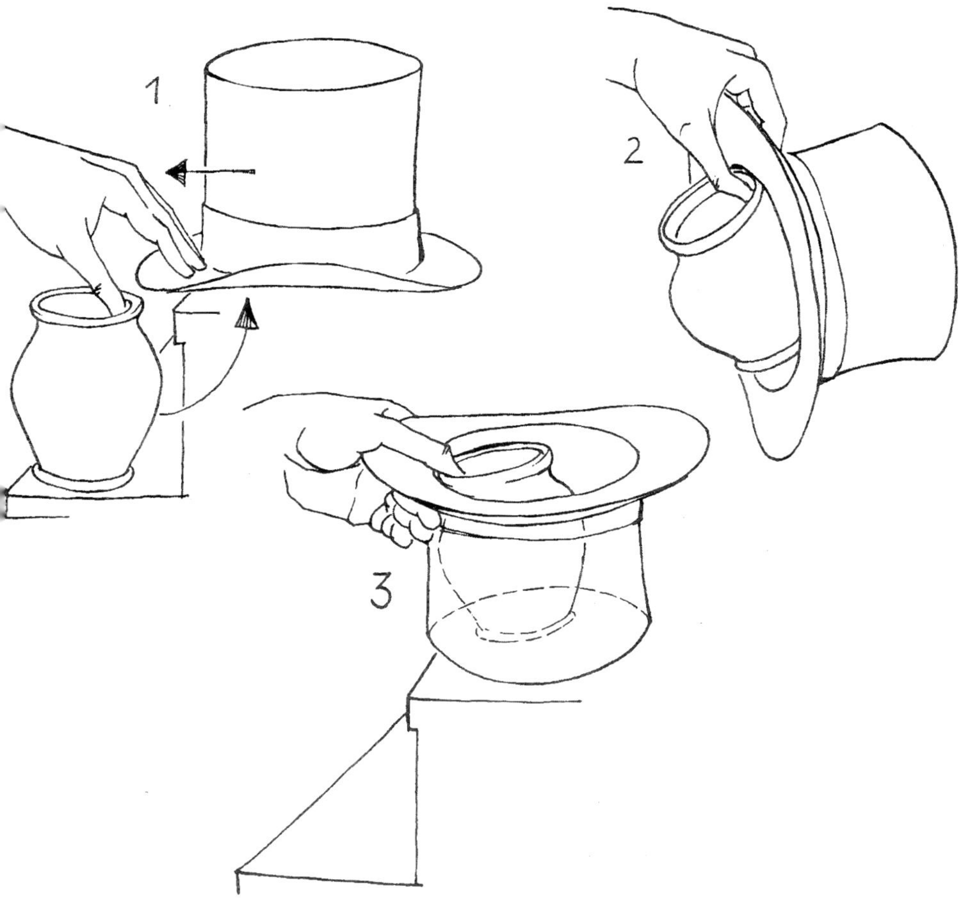

Als besonderen Effekt kann man die einzelnen Papierhülsen und Papierhüte pyramidenförmig aufeinanderstellen. Zum Abschluss kann der Hut wieder untersucht werden.

EINE ZAHLENWANDERUNG

Zubehör: 1 Kartenspiel

Trickbeschreibung: Aus einem Kartenspiel nimmt der Zauberkünstler alle Bildkarten heraus. So bleiben insgesamt 16 Karten übrig. Es handelt sich jeweils um die Zahlen 7 bis 10 aller vier Kartenarten. Diese Karten werden ohne Rücksicht auf ihre Farben schwarz oder rot nach der normalen Zahlenreihenfolge 7, 8, 9, 10 ausgelegt. Der Vorführende erklärt, dass alle Zahlenkarten durch eine magische Kraft zusammengeführt werden, auch wenn sie zwangsweise getrennt wurden. Die abgebildeten Reihen schiebt der Vorführende zusammen, so dass vier Päckchen entstehen, die gewendet werden, wobei die Rückseiten der Kartenhäufchen oben liegen. Alle vier Päckchen werden zu einem Paket zusammengelegt, worauf mehrere Male abgehoben wird. Die Zahl des Abhebens kann x-beliebig von den Zuschauern bestimmt werden. Von dem so gemischten Kartenpäckchen zählt der Magier nun wieder vier Päckchen aus. Sobald sie gedreht wurden, zeigt es sich, dass die einzelnen Blätter nach ihren Zahlenwerten sortiert beisammen sind, also alle 7er, 8er, 9er und 10er.

Ausführung: Wie unter der Trickbeschreibung erwähnt, entfernt man zunächst von den 32 Blättern eines Skatspieles sämtliche Bilder (Bube, Dame, König, As).

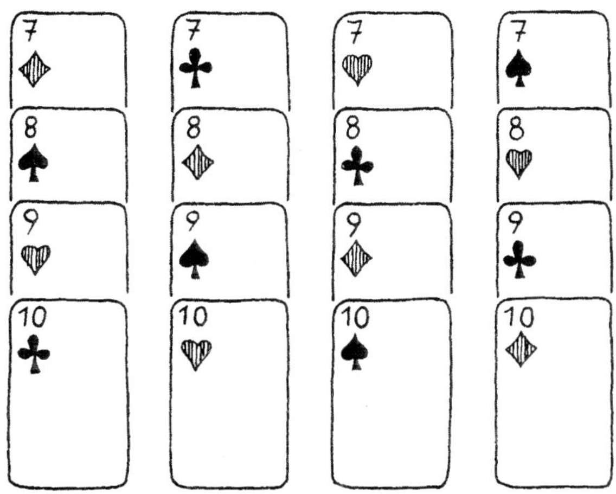

Die verbleibenden 16 Karten werden ohne Rücksicht auf Farbe und Zeichen nur nach ihrer Zahlenreihenfolge ausgelegt (siehe Abbildung). Man schiebt nun die vier Zahlenreihen einzeln zu Häufchen und dreht sie so, dass die Rückseite nach oben zeigt. Dann werden die einzelnen Kartenpäckchen zusammengelegt, und zwar von links nach rechts. Das linke Päckchen kommt auf das zweite. Das zweite Päckchen wird aufgenommen und auf das dritte gelegt und dies nun wieder auf das vierte. Das so entstandene Kartenpaket kann man x-beliebig abheben lassen. Abheben darf man aber immer nur von einem Päckchen zum anderen. Über drei Häufchen hinweg darf nicht abgehoben werden. Nachdem mehrere Male abgehoben wurde, werden die Karten von links nach rechts der Reihe nach in vier Päckchen ausgezählt, d.h. also

1. Karte	1. Päckchen
2. Karte	2. Päckchen
3. Karte	3. Päckchen
4. Karte	4. Päckchen
5. Karte	1. Päckchen
6. Karte	2. Päckchen

und so weiter.

Auf diese Weise kommen alle Karten nach ihrem Wert geordnet zusammen, ohne Rücksicht auf Zeichen und Farbe. Die Karten liegen dann, wie die zweite Abbildung es zeigt. Ob nun die linke Reihe mit 7, 8 oder 9 beginnt, spielt keine Rolle. Auf jeden Fall sind alle Zahlenwerte beieinander.

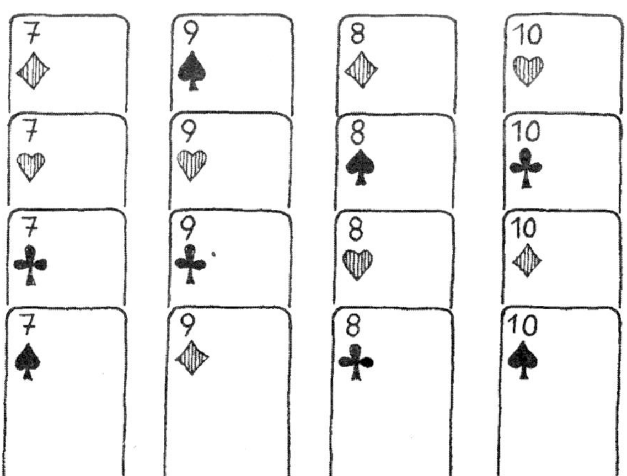

WUNDERBARE GLASDURCHDRINGUNG

Zubehör: 1 Kunststoff-Trinkglas, 1 Seidentuch, 1 Bierdeckel

Trickbeschreibung: Der Zauberkünstler zeigt ein leeres Trinkglas vor, gießt Bier, Milch oder Wein hinein und trinkt. Dann wird das Glas mit einem Tuch trockengerieben und ein farbiges Seidentuch hineingesteckt. Die Öffnung des Glases bedeckt der Vorführende mit einem Bierdeckel. Man sieht das im Glas befindliche Seidentuch deutlich, und dann wird es zum großen Erstaunen der Zuschauer vom Magier sichtbar durch die Glaswand gezogen. Anschließend wird das Glas wieder mit einer Flüssigkeit aufgefüllt und unversehrt nach allen Seiten vorgezeigt.

Ausführung: Für diesen Trick wird ein Plexiglasbecher benötigt, in dessen Seitenwand eine ovale Öffnung gebohrt oder gefeilt wird. Der Durchbruch sollte etwa 2 cm lang und 1,5 cm hoch sein. Die Unterkante des Loches ist etwa 12–15 mm vom unteren Boden des Glases entfernt. Die Flüssigkeit gießt man hinein, um die Unversehrtheit des Glases zu beweisen. Die Öffnung in der Glaswand wird dabei mit dem Daumen verdeckt und gegen die Flüssigkeit abgedichtet.

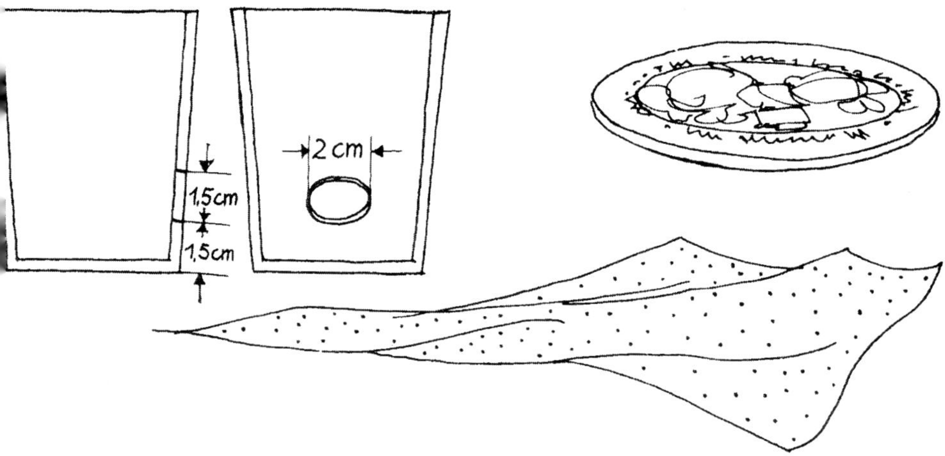

Für die Durchdringung des Tuches wird die Öffnung des Glases mit einem Bierdeckel verschlossen. Das Glas wird so gehalten, dass es sich zwischen Mittelfinger und Daumen befindet. Der Daumen verdeckt dabei die Öffnung in der Glaswand. Die andere Hand greift in die Öffnung hinein, wobei der Daumen sie freigibt. Durch diese Öffnung zieht man das Seidentuch mit einer raschen Bewegung scheinbar durch die Glaswand. Die Täuschung wird vollkommen, wenn man das Glas nach diesem Experiment sofort wieder mit einer Flüssigkeit füllt. Natürlich trinkt man das Glas leer, damit die Flüssigkeit nicht aus der Öffnung herausfließen kann.

VOM TASCHENSPIELER ZUM ZAUBERKÜNSTLER

Wenn man sich dem Hobby des Zauberns verschrieben hat, möchte man vielleicht auch Interessantes oder Kurioses aus der Geschichte der Zauberkunst erfahren.

Es ist ein vielseitiges und buntes Wunderreich, das die Magie uns bietet. Im Laufe der Jahrhunderte wurden aus den Taschenspielertricks fahrender Gaukler die vollendeten Zauberdarbietungen unserer Tage.

Ausführliche Berichte gibt es schon über die Gaukler des Mittelalters. Sie lebten nicht ungefährlich, weil mancher als Hexenkünstler bezeichnet und vielleicht sogar auf dem Scheiterhaufen verbrannt wurde. Bis zum 17. Jahrhundert etwa bestanden die Darbietungen der Zauberer aus artistischen Vorführungen wie Feuerfressen, Degenschlucken, Taschenspielereien und Wahrsagen. Erst von der Mitte des 17. Jahrhunderts an finden wir Hinweise auf gute Schausteller der Zauberkunst. Aus der großen Zahl berühmter Zauberer früherer Zeiten soll hier über einige besondere Könner berichtet werden.

Von Josef Fröhlich, dem Hoftaschenspieler August des Starken, ist folgende Anekdote überliefert: Fröhlich suchte auf dem Markt bei einem Fischer Krebse aus, um sie an Ort und Stelle lebend zu verzehren. Nach beendeter Mahlzeit wollte Fröhlich seines Weges ziehen, aber der Fischer verlangte laut und ungeduldig die Bezahlung der verzehrten Krebse. Fröhlich, den das aufgeregte Verhalten des Fischers amüsierte, griff in seine Hosentasche und zog daraus die lebenden Krebse hervor.

Weltberühmtheit erlangte durch übertriebene Reklame Jakob Philadelphia, der von 1735 bis 1795 lebte. Er trat oft mit mathematischen Tricks auf. Philadelphia werden außerordentliche magische Leistungen zuerkannt. Er war der erste Zauberkünstler, der mit einer Laterna magica Geister auf der Bühne erscheinen ließ. Man erzählte sich von Philadelphia auch dieses: Friedrich der Große habe den Zauberer wegen seiner unerklärlichen Künste aus Berlin ausgewiesen, worauf Philadelphia vierspännig durch alle vier Tore Berlins zugleich hinausgefahren sein soll.

Als König der Zauberkünstler begegnet uns Jean Eugène Robert-Houdin. In seiner 1858 erschienenen Lebenserinnerung wird von so mancher

Kuriosität berichtet, die wohl nüchtern betrachtet eine Mischung aus Dichtung und Wahrheit darstellt. So erzählt Robert-Houdin von seinem Lehrmeister Torrini, der vor Papst Pius VII. zum erstenmal die Zertrümmerung und Wiederherstellung einer kostbaren Taschenuhr zeigte. Mit diesem Trick machte sich Torrini einen weltberühmten Namen.

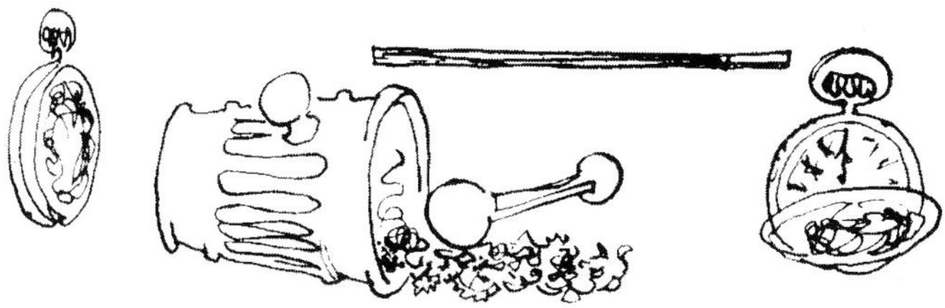

Dem Zauberkünstler Robert-Houdin selbst wird eine neue Art der Darbietung zugeschrieben: Er verzichtete als einer der ersten auf verhüllende Vorhänge und Attrappen und arbeitete bei voller Beleuchtung. Er legte auch das typische Gewand des Gauklers ab und trat als einer der ersten im Abendanzug auf. Robert-Houdin war gelernter Mechaniker und ein hervorragender dazu. So geht die Erfindung einer großen Zahl von Trickautomaten auf sein Wissen und Können zurück.

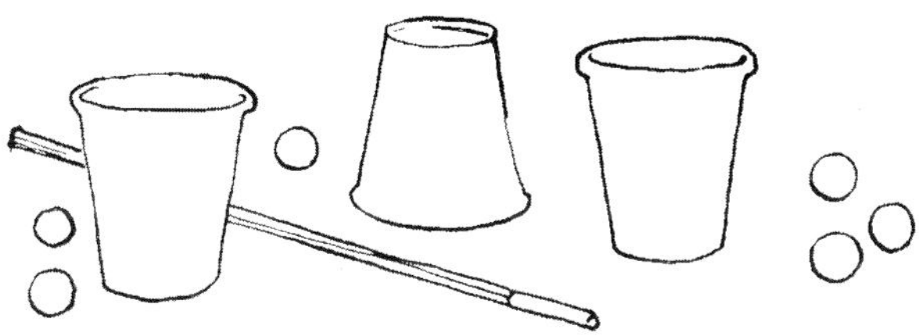

Als Konkurrent und Zeitgenosse Robert-Houdins nennt uns die Geschichte der Zauberkunst den Arzt Bartolommeo Bosco (1793 bis 1863). In Napoleons Grande Armee machte er den Feldzug nach Russland mit. Dort geriet er in Gefangenschaft und wurde nach Sibirien gebracht, wo er durch seine Zauberkünste großes Aufsehen erregte. Wie weiter berichtet wird, wurde Bosco 1814 freigelassen, und er zog dann 40 Jahre lang als Zauberkünstler durch Europa und den Vorderen Orient. Bosco sagt man eine sagenhafte Fingerfertigkeit nach. Er ist auch der „Erfinder" des Bosco-Becher-Spieles, das noch heute, wenn auch abgewandelt, von bedeutenden Zauberkünstlern gern vorgeführt wird.

Zur gleichen Zeit etwa, als Bosco als Magier auf Reisen ging, wurde in Wien ein Zauberkünstler namens Ludwig Döbler berühmt. Sein Paradestück war die Eröffnung seiner Vorstellung. Wenn der Vorhang sich hob, betrat Döbler die Bühne und entzündete durch einen Pistolenschuss etwa 200 Kerzen, die im Saal auf den Tischen verteilt waren. Dieser einzigartige Trick ist bis heute noch ein Geheimnis, da es zu jener Zeit noch keine elektrischen Zünder gab.
Die Stadt Wien ehrte den allseits beliebten und bestaunten Zauberkünstler auf ihre Weise: noch heute finden wir in der Hauptstadt Österreichs eine Straße, die nach Döbler benannt ist.

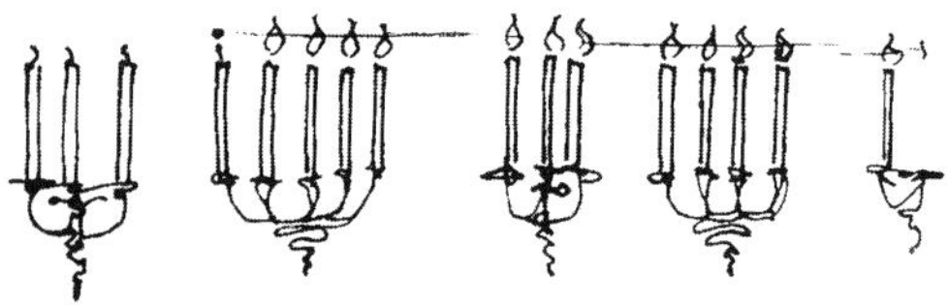

Besondere Berühmtheit unter den Täuschungskünstlern erwarb sich der Zauberkünstler Harry Houdini. Er ließ als erster auf offener Bühne im Hippodrom von New York einen lebenden Elefanten verschwinden. In Deutschland wurde später der Zauberkünstler Kassner mit dem gleichen Trick ebenfalls berühmt.
Aus seiner Glanzzeit ist die folgende Anekdote überliefert: Bei einer seiner Vorführungen saß eine alte Dame in der ersten Reihe. Sobald Kassner etwas verschwinden ließ, reagierte die sehr interessierte Zuschauerin mit der lauten und spitzen Bemerkung: „Im Ärmel", wobei sie spontan aufsprang und auf Kassner weisend ihre Worte unterstrich. Kassner ärgerte sich natürlich über diese Störung und reagierte darauf folgendermaßen: Bei der Aufführung des Schlusseffektes ließ Kassner einen lebenden Elefanten verschwinden. In den vor Spannung stillen Zuschauerraum hinein rief dann Kassner: „Der Elefant steckt im Ärmel, meine verehrte Dame!" Dadurch hatte er natürlich die Lacher auf seiner Seite.

Auch in der Politik spielte die Zauberkunst einmal eine Rolle. Im Auftrag der französischen Regierung wurde 1856 Robert-Houdin nach Algerien gesandt. Seine Aufgabe war es, den großen Einfluss algerischer Marabuts, das sind mohammedanische Einsiedler, auf die Bevölkerung mit seiner Zauberkunst zu brechen. Neben vielen interessanten Einzelheiten sei die folgende hervorgehoben:
In seinen Vorstellungen erklärte Robert-Houdin, dass er unverletzbar sei. Um dies zu beweisen, lud er zwei Pistolen. Einen besonders fanatischen Mohammedaner bat er, mit der Pistole auf ihn zu schießen. Nach dem Schuss zeigte sich Robert-Houdin jedoch unverletzt. Die auf ihn abgeschossene Kugel hielt er zwischen seinen Zähnen fest. Besonders wirkungsvoll war dieses Experiment dadurch, dass die Pistolenkugel vorher gezeichnet worden war. Zum Abschluss nahm Robert-Houdin die zweite Pistole und schoss auf eine weiße Wand, von der sich nach dem Schuss Splitter lösten und auf der gleichzeitig ein großer Blutfleck sichtbar wurde. Robert-Houdins algerische Zuschauer leiteten von diesem Experiment abergläubisch eine Unverwundbarkeit der französischen Kolonisten ab.

Auch der Zauberkünstler Samuel Bellachini machte viel von sich reden. Er war von Geburt Pole, lebte von 1828 bis 1885 und soll Hof-Zauberkünstler bei Kaiser Wilhelm I. gewesen sein. Viele Magier nach Bellachini haben diesen populären Namen zu ihrem eigenen Künstlernamen gemacht. So erzählt man sich auch von einem dieser Bellachini folgende Geschichte:

Auf einem Wochenmarkt in Posen erkundigte sich ein stattlicher Herr bei den Bauersfrauen nach den Eierpreisen. Da der Fremde sich aber nicht zum Kauf entschließen konnte, machten die Frauen bald abfällige Bemerkungen über den Herrn. Bei der Bauersfrau, die sich dabei besonders hervorgetan hatte, blieb der unbekannte Herr stehen und fragte sie nach dem Preis für die Eier, die sie feilbot. Die Marktfrau gab hierauf einen sehr hohen Preis an. Mit größter Gelassenheit betrachtete dann der Marktbesucher prüfend ein Ei nach dem anderen. Er hob das Ei gegen das Licht, klopfte es ab und legte es schließlich lauschend an sein Ohr. Erstaunt über dieses sonderbare Gebaren deutete schließlich die Bauersfrau mit dem Zeigefinger unmissverständlich an die Stirn. Natürlich führte diese Geste zu einer großen Heiterkeit der Anwesenden. Da zerbrach dem Fremden plötzlich ein Ei und er hielt ein großes, glänzendes Goldstück zwischen den Fingern. Der Herr erklärte, er wolle den ganzen Korb Eier kaufen. Er ergriff ein zweites und drittes Ei, schlug jedes auf und brachte weitere Goldstücke zum Vorschein.

Als die Bauersfrau dieses „Wunder" sah, fasste sie schnell nach dem Eierkorb und zog ihn zurück. Gleichzeitig erklärte sie nun, sie wolle kein einziges Ei mehr verkaufen. Darauf gab der Marktbesucher der Bauersfrau einen Taler und verschwand. Sofort stürzten sich alle anderen Frauen auf die Eier und schlugen sie auf, ohne jedoch zu den erhofften Goldstücken zu gelangen.

Ein bedeutender Zauberkünstler war auch Dr. phil. Nepomuk Hofzinser. Mit vielen schöpferischen Ideen entwickelte er das Kartenzaubern zu einer hohen Kunst. Noch heute gilt er als der Kartenkünstler aller Zeiten.

Wir wollen diesen großen Reigen mit dem amerikanischen Zauberkünstler „Dante" beschließen. Er trat um die Wende zum 20. Jahrhundert auf. Einer seiner meistbestaunten Tricks war das sichtbare Durchschießen einer Dame, dabei durchdrang ein an einen Bleistift geknüpftes Seidenband den Leib der Assistentin.

Wohl einer der populärsten Zaubertricks ist für nicht Eingeweihte das sogenannte indische Seilwunder. Es wird berichtet, ein indischer Fakir habe auf freiem Platz ein Seil in die Luft geworfen. Dieses Seil sei dann erstarrt, und ein kleiner indischer Knabe sei an diesem hinaufgeklettert und dann spurlos verschwunden. Ähnliche Trickbeschreibungen gingen um die ganze Welt.
Mit Sicherheit jedoch haben Nachforschungen ergeben, dass der Trick in der beschriebenen Form in Indien nie vorgeführt wurde. Es handelt sich nach diesem Bericht um die phantasievolle Beschreibung eines englischen Weltreisenden, der sich gewiss auf diese Weise interessant machen wollte. In der Zwischenzeit haben namhafte Magier ähnliche Trickkombinationen vorgeführt, diese Darbietungen waren jedoch immer an eine Theaterbühne gebunden.

Zu den bedeutendsten Magiern der letzten Jahrzehnte darf man wohl den deutschen Illusionisten Kalanag zählen. Er war im wahrsten Sinne des Wortes ein Meister der Kleinkunst wie auch der großen Ausstattungs-Show. Er war es auch, der zum erstenmal das weltberühmt gewordene Zauberwort, „sim sala bim" benutzte. Kalanag beschäftigte in seinen Zauber-Revuen zeitweise bis zu 80 Personen und reiste mit 70 Tonnen Gepäck. Seine Attraktion war das Verschwinden eines Autos auf offener Bühne. Weitere Vorstellungen waren sein unerschöpflicher Wasserkrug und die magische Getränkebar. Kalanag starb am Heiligen Abend 1963.

Fredo Marvelli, 1903 in Schlesien geboren, war ein Zaubervirtuose eigener Prägung. Er verzichtete auf große Bühnenausstattung und bezauberte mit eleganten Tricks der Kleinkunst. Als Marvelli nach 35-jähriger Zaubertätigkeit 1956 in Spanien in den Ruhestand trat, gab er seinen Meisternamen an einen jungen Magier weiter, „Marvelli 2", er nennt sich selbst den „Mann mit den goldenen Händen".

In vielen Ländern gibt es Magier, die weit über die Grenzen ihres Heimatlandes berühmt sind. Hier noch eine kleine Auswahl: Wegen seiner großen Illusionsschauen wurde der italienische Magier Chefalo gefeiert. Professor Sitta, ebenfalls Italiener, tritt erfolgreich als Chinese in klassischer Darbietung auf. Als der zur Zeit größte lebende russische Illusionist wird Kio bezeichnet. Seine Attraktionen sind die Vorführungen mit lebenden Tieren. Richardi jun., Zauberkünstler aus Peru, machte mit der „schwebenden Dame" Schlagzeilen. Channing Pollock aus Amerika ist durch seine Tauben bekannt. Indiens berühmte Großmeister sind P. C. Sorcar und Gogia Pasha mit großen magischen Shows. Der deutsche Magier Punx zählt zu den wenigen Zauberkünstlern, die ihren Vorführungen einen ganz eigenen Stil gegeben haben. Er trat häufig im Fernsehen auf.

In diesem kleinen Streifzug durch die Geschichte der Magie wurde von einigen berühmten Magiern erzählt. In diesem Zusammenhang soll nicht vergessen werden, über das sogenannte Hellsehen zu berichten. Der prominenteste Vertreter auf diesem Gebiet war Erik Jan Hanussen, der es wie kein anderer verstand, sich durch Werbung und billige Tricks das Ansehen eines Übermenschen zu verschaffen. Es ist nachgewiesen, dass Hanussen kein Hellseher, sondern ein Schwindler war. Heute werden Hellseh-Tricks mit dem Fachwort Mentalmagie bezeichnet.

Doch zurück zur Zauberei. Für die Zauberkünstler der Gegenwart gibt es eine Menge Möglichkeiten, tiefer in die Geheimnisse der Zauberkunst einzudringen. So steht eine ganze leistungsfähige Industrie für Zaubergeräte zur Verfügung, denn die Liebhaber der Zauberkunst sind zahlreich. Aber nicht nur durch gekaufte Zaubergeräte und Fachbücher kann man seine Kenntnisse erweitern. In der ganzen Welt gibt es magische Vereine, die das Gedankengut der zauberischen Täuschung pflegen und weitergeben.

Die Zauberei ist aber nicht allein ein Privileg von Berufskünstlern. Eine große Schar von Amateuren in aller Welt pflegt die Zauberkunst als Hobby. Wir finden in dieser Gemeinschaft berühmte und bekannte Wissenschaftler, Ärzte und Angehörige vieler Berufsgruppen. Ihnen verdankt die Zauberkunst eine große Zahl von Tricks und Ideen. So finden wir nicht nur Profis, sondern auch Amateure in den magischen Vereinen. Im edlen Wettstreit um den Titel „König der Zauberer" wetteifern Magier aller Nationen auf den sich ständig wiederholenden Länder- und Weltkongressen. Die dort gebotenen Leistungen versetzen selbst das kritische Fachpublikum in Staunen. Ein ganzes Buch könnte man allein darüber schreiben. Nur um in etwa den hohen Leistungsstand anzudeuten, soll hier noch zum Schluss über einige Künstler und ihre Tricks berichtet werden.

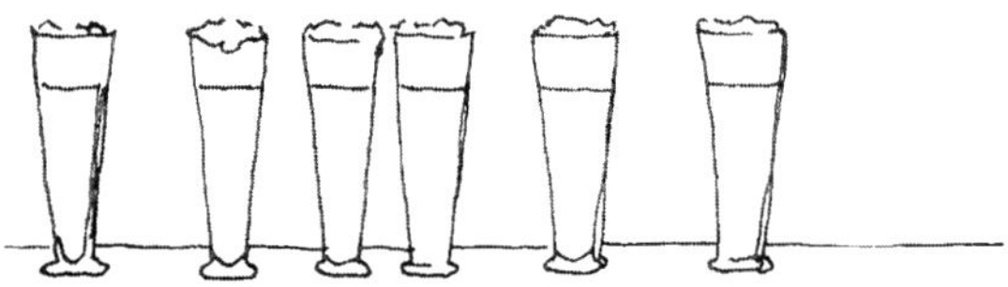

Auf dem Weltkongress der Zauberkunst 1967 gewann gegen schärfste Konkurrenz den „Grand Prix" der in Holland geborene und in Deutschland lebende Magier Harry Thiery mit dem Künstlerpseudonym „Di Sato". Schon bei früheren Veranstaltungen war er für seine hervorragenden Manipulationen ausgezeichnet worden. Aber auch seine Vorgänger waren auf ihre Art bewundernswerte Künstler wie beispielsweise 1950–1955 Fred Kaps mit dem „Geldregen" und 1958 Tonny van Domelen. Er zauberte Biergläser aus dem Nichts.
König der Zauberkünstler war im Jahre 1953 der Nestor der Deutschen Amateurmagier, Emil Thoma, Versandbuchhändler in München. Sein Paradetrick war es, 12 Spazierstöcke frei in der Luft schweben zu lassen.

Alle diese heute berühmten Magier haben einmal mit kleinen Tricks angefangen. Eifern wir ihnen also nach.

GEWUSST WIE – GEWUSST WO

Stumme Darbietung oder mit Vortrag: Ob eine Zauberdarbietung erfolgreich ist, wird von mehreren Faktoren bestimmt. Grundverkehrt wäre es, wollte man gleich beim erstenmal eine regelrechte „Zaubershow abziehen". Für den Anfang begnügt man sich mit einfachen, gut eingeübten Tricks. Dabei hat es sich bewährt, den Trick mit dem größten Effekt als Schlusstrick vorzuführen. Für die Anfänger in der Zauberkunst wird der richtig gewählte Vortrag die größte Schwierigkeit bedeuten. Selbst wenn man kein brillanter Redner ist, lässt sich die Technik des Vortrages erlernen. Auch hier gilt wie überall der Spruch „Übung macht den Meister". In den meisten Fällen kann man sowieso nicht eine starr eingeübte Vortragsform anbringen. Die Zauberei muss immer ein Spiel mit dem Publikum bleiben. Das bedeutet: ein jeweiliges Anpassen an den Kreis der Zuschauer. Bei der Vorführung selbst kommt es auf das Zaubern an und nicht auf das Reden. Redet man zuviel, ermüdet die Aufmerksamkeit der Zuschauer.

Beleuchtung: Erfahrene Zauberkünstler messen der richtigen Beleuchtung bei der Vorführung große Bedeutung bei. Zu helles Deckenlicht ist ungünstig. Vorteilhaft sind Lichtquellen, die von schräg vorne oder von unten leuchten. Ein Fehler wäre es, wollte man Zaubertricks nur bei düsterer Beleuchtung vorführen. Die in diesem Buch beschriebenen Tricks sind so ausgewählt, dass sie bei guter Einstudierung auch das Tageslicht nicht zu scheuen brauchen.

Zum Auftritt: Vor Beginn der Vorführung ist der Zauberplatz noch einmal eingehend zu inspizieren, ob alles richtig vorbereitet wurde. Und hier noch einige Ratschläge für den Auftritt und die Vorführung. Als selbstverständlich wird ein gutes, sicheres und freundlich wirkendes Auftreten des Magiers vorausgesetzt. Wer in Hemdsärmeln zaubert, kann den Biertischcharakter der Vorstellung nicht verdrängen. Am besten wirkt es, wenn der Vorführende einen dunklen Anzug trägt. Es ist falsch, während der Vorführung den Zuschauern den Rücken zuzuwenden.

Niemals dürfen Zuschauer in irgendeiner Form lächerlich gemacht werden. Den besten Erfolg hat derjenige, dem es gelingt, Sicherheit auszustrahlen. Im Grunde genommen kann ja auch gar nichts passieren. Es ist nur wichtig, den Effekt eines jeden Tricks herauszuarbeiten. Deshalb darf auch vor Beginn des Tricks nicht gesagt werden, was während des Ablaufs folgt.

Sammeln und registrieren: Ein guter Zauberkünstler wird die gesammelten Erfahrungen auswerten. Von Vorteil ist es, sich eine kleine Zauberregistratur und Tricksammlung anzulegen. Hier wird alles gesammelt, was mit dem Hobby Zaubern zu tun hat: Trickbeschreibungen, Prospekte, Programmfolgen, Ideen für neue Tricks, Vorführungen usw.

Kleines Zaubergepäck: In einem kleinen Beutel sollte man die kleinen Tricks greifbar haben, die man ohne große Vorbereitungen, von Zuschauern umringt oder am Tisch, zum besten geben kann.

Programmwahl: Am Anfang werden die Familienangehörigen die Zuschauer sein. Das darf aber nicht dazu verleiten, das Üben leichter zu nehmen. Es ist gleich, ob wir in der Familie, vor Freunden oder in größerem Rahmen zaubern, immer muss eine vollkommene Darbietung angestrebt werden. Deshalb ist auch das Programm jeweils auf den Kreis der Zuschauer abzustimmen. Kleine Tricks, die für den Tisch gedacht sind, verfehlen ihre Wirkung auf der Bühne oder einem Podium. Umgekehrt ist es ebenso. Apparatetricks dürfen nicht am Tisch vorgeführt werden.

Fachhandel: Wer viel zaubert, wird bald den Wunsch haben, über den Rahmen des in diesem Buch gebotenen Zaubermaterials hinauszugehen. Für die Erfüllung dieses Wunsches steht eine ganze Zauberindustrie bereit. Fachgeschäfte bieten vom kleinen Trick über gut gearbeitete Apparate bis zur großen Bühnenillusion alles an, was man sich nur wünschen kann. Um aber Enttäuschungen vorzubeugen, empfiehlt es sich, die Katalogbeschreibungen der Zaubergerätehändler sorgfältig zu studieren, denn das Angebot ist fast unübersehbar groß. Für den Rahmen, in dem Amateure auftreten, ist nicht jeder Trick, der angepriesen wird geeignet, auch wenn er in den Katalogbeschreibungen als „einfach" bezeichnet ist.

Leistungsfähige Zaubergeschäfte findet man in fast allen Großstädten. Dort erhält auch der jugendliche Zauberamateur fachliche Beratung. Viele Fachhändler inserieren in Illustrierten, Zeitschriften und Zeitungen.

Und nun recht viel Spaß mit „hokus pokus" und „sim sala bim".

FACHAUSDRÜCKE DER ZAUBERKUNST

Arrangement	Einrichtung oder Anordnung von Hilfsmitteln
Artist	kommt aus dem Französischen und bedeutet Künstler. Gemeint sind besonders die Künstler des Varietés
Bühnenmagie	Zaubervorführungen unter Verwendung großer Apparate auf der Bühne
Changement	Wechsel oder Tausch
Changierkasten	Hilfsmittel der Zauberkünstler, ermöglicht das Auswechseln oder Vertauschen von Gegenständen
Eskamoteur	Taschenspieler
eskamotieren	etwas unbemerkt verschwinden lassen
Experiment	Versuch oder auch Kunststück
Fakir	Gaukler oder auch Wundermann
Fall-Loch	Öffnung im Zaubertisch zum Verschwindenlassen von Gläsern, Bällen usw.
filieren	Griffe der Kartenkünstler zum Kartenaustausch
forcieren	gezwungene Wahl einer Spielkarte
Frontstellung	der Magier steht mit seiner Körpervorderseite zum Publikum
Hypnose	durch Beeinflussung hervorgerufener Halbschlaf
Illumination	festliche Beleuchtung oder auch Ausmalung
Illusion	Täuschung der Sinne, in der Zauberkunst Bezeichnung von großen Bühnentricks
Illusionist	Täuschungskünstler
Kartenmagie	Teil der Zauberkunst, welcher sich speziell mit Kartentricks beschäftigt

Kaschee	Hülle oder Einsatz, Diener der Zauberkunst, Hilfsmittel für das Erscheinen- oder Verschwindenlassen von Gegenständen
Magie	Die Kunst, durch geheimnisvolle Mittel wunderbare Wirkungen zu vollbringen, Zauberei oder Zauberkunst
Magier	Zauberkünstler
Maja	Mutter Buddhas, Göttin der Illusion, Beschützerin der Zauberkunst
Manipulation	kunstgerechte Handhabungen, Handgriffe
Manipulator	Vorführender, der nur Handkunststücke zeigt
Medium	Versuchsperson
Mentalmagie	Bezeichnung für Hellseh-Tricks und Gedankenexperimente
Mikromagie	Zauberei mit kleinen Gegenständen, Tischkunst
mysteriös	geheimnisvoll, dunkel
Palmage	verbergen oder verdecken
palmieren	etwas in der Hand verbergen, so dass es die Zuschauer nicht bemerken
Prestidigateur	Täuschungskünstler
Profilstellung	der Zauberkünstler steht so, dass eine seiner Körperseiten den Zuschauern zugewandt ist
Requisiten	Geräte, Hilfsmittel
Servante	Dienerin der Zauberkunst, Beutel, Kästchen, Gefäß oder verborgene Tasche – dient zur Aufnahme oder zum Ablegen von Gegenständen
Suggestion	Willensbeeinflussung
Telepathie	Übertragung von Gedanken
Trance	Schlaf in Hypnose
Utensilien	Apparate, Hilfsmittel
Volte	Handgriffe der Kartenkunst, die Karten werden so gewendet, dass einige oder auch nur eine Karte an einen bestimmten Platz im Spiel zu liegen kommen.

WAS KAUFT MAN WO?

Gegenstände	Seite	erhältlich
Metallhohlzauberstab, ca. 15 mm ∅, 300–360 mm lang	63	Eisenwarengeschäft, Musikinstrumentemacher
Zauberseil (Posamentenkordel), muss sehr weich sein	36,55,58	Seilerei, Gardinenhandel, Zauberfachhandel
Plastikflaschen, ca. 75 mm ∅, 250 mm hoch	40	Lebensmittelhandel, Drogerie
Weinflaschen-Etiketten	40	Spirituosen-Fachhandel
Kartonröhren aus verstärkten Aktendeckeln Kanten verstärkt mit farbigem Tesaband	40,66	Papierwarenhandlung
Seidentücher	32,38,48,50,60, 63,66,70,80,92, 113,118	Zauberfachhandel, Stoffgeschäft
Kunststoff-Eier (Nesteier, Stopfeier)	44,75,84	Spielwarengeschäft, Landwirtschaftlicher Fachhandel, Nähbedarfshandel, Zauberfachhandel
Plastikringe	46,80,83	Spielwarengeschäft, Kaufhaus, Gardinenhandel
Tischtennisbälle	16,48	Spielwarengeschäft, Sportartikelhandel
Kunststoffgläser (durchsichtig)	50,118	Kaufhaus
Spiegelfolie	50	Geschäft für Bastelbedarf
Perlonfaden	96	Angelsportgeräte-Händler
Plastikbecher	105	Kaufhaus
Korken oder auch Kunstschaum-scheiben aus Thermopete (Styropor)	105	Kaufhaus, Tapetenfachhandel
Wattekugeln ca. 15 mm ∅ (Papierkugeln)	96	Papierwarenhandel, Geschäft für Bastelbedarf
Zylinderhut		Trödler, Geschäft für Faschings- und Karnevalsartikel

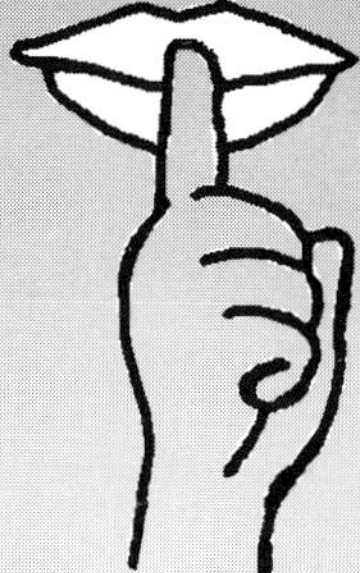

MAGIER-EID

Was von einem Zaubermeister
hier ich hab erfahren,
werde ich stets geheim bewahren.
Ich übe fleißig mit Geschick,
so gelingt mir jeder Zaubertrick.
Ich folge nach der Meister Spur
und zeige jedes Kunststück
einmal nur!

Unterschrift

Martin Michalski
Das große Buch vom
ZAUBERN
Spiel der Illusionen

MARTIN MICHALSKI
ZAUBER-FACHAUTOR

Ausgezeichnet mit dem Titel „Schriftsteller des Jahres 1988/89
(Magischer Zirkel von Deutschland e.V.)
1992 Auszeichnung „Europa-Kongreß der Magier" Baden-Baden
1993 „Goldener Zauberstab", Österreichischer Magier-Kongreß Eisenstadt
1997 Ehrenmedaille für Verdienste um die Zauberkunst
(Magischer Zirkel von Deutschland e.V.)
1998 Auszeichnung 12. Magic Day Böblingen
(Internationale Bruderschaft der Magier IBM Deutschland)
Ehrenmitglied „Magier-Club Ravensburg-Weingarten e.V."
Ehrenmitglied „1. Wiener Zaubertheater"
Mitglied „Magischer Zirkel Berlin e.V."
Mitglied „Magischer Zirkel von Deutschland e.V."
2002 Ehrenmitglied „Magischer Zirkel von Deutschland e.V."